Liberada

BETH MOORE

Liberada

EXPERIMENTE EL PODER DE DIOS EN SU DOLOR

NASHVILLE MÉXICO DF. RÍO DE JANEIRO

Publicado en Nashville, Tennessee, Estados Unidos de América.
Grupo Nelson es una marca registrada de Thomas Nelson.
Basado en el libro *Sálgase de ese pozo* por Grupo Nelson
www.gruponelson.com

Título en inglés: *Delivered*

Publicado por Nelson Books, un sello de Thomas Nelson. Thomas Nelson es una marca registrada de HarperCollins Christian Publishing, Inc.

Editora en Jefe: *Graciela Lelli*
Traducción: *Lesvia Esther Kelly*
Versión abreviada por: *Kris Bearss*
Adaptación del diseño al español: *Grupo Nivel Uno, Inc.*

ISBN: 978-1-40411-105-9

Impreso en Estados Unidos de América

19 20 21 22 23 LSC 9 8 7 6 5 4 3 2 1

Contenido

Introducción

Hace algunos días, estuve en una fila para algo que el editor de mi estudio bíblico llamó «conozca y salude». Así, tuve la dicha de abrazar al menos a 150 de los miembros de la audiencia que se encontraba en los estudios para la grabación que acabábamos de terminar sobre un estudio bíblico. Risas y testimonios de felicidad llenaron el cuarto e inundaron mi corazón. No obstante, cuando abracé a la última persona, mi mente estaba girando en torno a ciertas cosas que algunos me dijeron en voz baja. Una señora acababa de perder a su hija de veintidós años de edad en un accidente automovilístico. Por increíble que parezca, otra señora justo detrás de ella acababa de enterrar a su amada hija de apenas tres años de edad. Luego abracé a una mujer preciosa que llevaba un pañuelo de color brillante con el que trataba de ocultar los estragos del cáncer de seno que recientemente se le había propagado al cerebro.

Parada junto a ella estaba su hermana la cual hacía esfuerzos para no dar lugar a la amargura. Unos minutos después abracé a alguien que estaba luchando contra la adicción a la comida. Luego abracé a la esposa de un pastor que acababa de ser despedido de la iglesia que pastoreaba. Otra persona me pasó un pedazo de papel al tiempo que me decía en un susurro: «Solo lea la nota, ¡pero no ahora!» La nota era una petición de oración para que ella pudiera ser liberada de una adicción que había tenido por mucho tiempo.

Me puse a mirar por la ventana del avión que me llevaba de vuelta a casa y traté de analizarlo todo. Allí, por encima de las nubes y la turbulencia, alcé hacia Dios las cartas abiertas que me dieron, como si Él las pudiese ver mejor a mayor altitud. Le dije otra vez lo que le estoy diciendo a usted: la gente está sufriendo. Él ya lo sabía. Y apuesto a que usted también.

La vida puede ser terrible. Aplastante. La magnitud de nuestras preocupaciones puede presionarnos de tal manera que, sin darnos cuenta, empezamos a caer centímetro por centímetro, en el pozo de la desesperación. Puede ocurrir algo tan horrible que nos haga creer que nunca más volveremos a estar bien. O podemos cometer una falta tan grave que pensamos que Dios quiere que nos mantengamos permanentemente fuera de su vista. Pero, si estamos dispuestas a dejar que la verdad hable más fuerte que nuestros sentimientos, y por un tiempo lo suficientemente largo para que nuestros sentimientos finalmente se ajusten, podremos estar más que bien.

Podremos ser llevadas a un lugar donde el aire es vivificante, el enemigo es azotado, y la vista es magnífica.

Las palabras en los próximos capítulos me trajeron un frescor extraordinario y oro con todo mi corazón que lo mismo le suceda a usted. Estas no son revisiones de un mensaje viejo. Cada etapa de mi vida ofrece una nueva lección, añade una perspectiva nueva, y el fervor de antaño continúa ardiendo. Supongo que, como dice el coro: «El amor que redime ha sido mi tema y lo será hasta que muera».

Pero ser libre yo sola nunca ha sido suficiente para mí. Quiero que usted también lo sea. Quiero que conozca el poder de su Palabra que puede desafiar toda adicción, sanar cualquier aflicción, y tapar cualquier pozo. Quiero que conozca un amor que es mejor que la vida. Porque yo lo tengo.

Yo era un desastre.

Me acuerdo de la primera vez que me ascendieron de categoría cuando estaba viajando por avión. Ese privilegio no me lo había ganado acumulando millas como viajero frecuente. Lo que pasó fue que se les terminó el espacio en la clase turista y como yo estaba viajando sola, me dijeron que necesitaban mi puesto por lo que me iban a llevar a primera clase.

Durante todo el viaje estuve tan emocionada que me comporté como una niña. Miraba a la gente que estaba a mi derecha y a mi izquierda y le decía: «¿No es esto divertido? ¿Puede creerlo? ¿Puede creer que esté sentada aquí?»

Lo extraño es que ellos sí lo podían creer. No estuve quieta ni un segundo. Cada vez que la azafata nos atendía, yo tenía que luchar contra el deseo irresistible de pararme e ir a ayudarla. Si le daba las gracias una vez, se las daba mil veces.

Cuando llegamos a nuestro destino, todos en la sección de primera clase parecían completamente agotados. Por un buen tiempo ninguna línea aérea me volvió a elevar de categoría. Quizás circularon un memorando de advertencia contra esa viajera insoportable.

Créame cuando le digo que alguien me elevó del pozo y que tampoco fue por méritos propios. Aunque ya han sido varios años desde que esto ocurrió, todavía me siento abrumada. Pienso en esto cada día. Una indigente elevada a la gracia inconmensurable de Dios. Todo lo que sé hacer con este sentimiento abrumador es servir.

Estoy escribiendo para decirle que creo que Dios ya ha hecho arreglos para que usted también salga del pozo en el que se encuentra. Sí, hay alguien interesado en que la suban de categoría. Lo que usted tiene que hacer es ponerse de pie y empezar a salir. Recordando mi experiencia en el avión, le agradecería si me concede el privilegio de ser su azafata por un tiempo. Ya he hecho este viaje antes. A veces hay mucha turbulencia pero llegar a su destino vale cualquier sacrificio. Gracias por permitirme acompañarle.

1

La vida en el pozo

Mi marido, nuestros dos perros y yo acabamos de regresar a casa después de haber viajado 2.700 kilómetros por carretera, uniendo cinco estados como quien hilvana una cobija hecha de parches.

Cuando insistes en viajar de extremo a extremo del país con dos caninos de buen tamaño, te ahorras dinero que te hubieses gastado en un cuarto de motel. La mayoría de veces nos quedamos en alojamientos muy económicos. Yo duermo entre Keith (este es mi marido) y Beanie, y como se dan las cosas, cada uno está tapado hasta la nariz. Mi solución es subir el aire acondicionado, pero este se congela y termina por dejar de funcionar.

La gente que sabe lo mucho que viajamos a veces me pregunta por qué no nos conseguimos una casa rodante. Le respondo con una palabra: El baño. (¿O es que son dos palabras?) El espacio tan reducido y la falta de aire fresco en una casa rodante hace que el baño… bueno… esté presente en todas partes. Dicen que uno se acostumbra pero, ¿en realidad quiero acostumbrarme? No, como lo veo yo, no fuimos creados para acostumbrarnos a ciertas cosas.

Como vivir en un pozo.

Pero lamentablemente, lo hacemos. Podemos acostumbrarnos tanto al ambiente de nuestro pozo, que no podemos pensar en irnos de él.

Digamos que usted ha estado viviendo en una vieja casa rodante tan reducida que ni siquiera puede estirar las piernas o erguirse todo lo que quisiera. Visualice todo lo que se amontona en un espacio tan pequeño. Imagínese el olor inevitable de ese cuarto de baño tan estrecho. Hasta su ropa empieza a oler así.

Ahora, imagínese que le hayan ofrecido una casa totalmente nueva. Una casa real sobre un fundamento sólido, con grandes guardarropas y espacios bien abiertos. Casi no puede esperar para habitarla. Llena de ansiedad, aprieta hasta el fondo el acelerador de la casa rodante y la mete directamente en la sala, llevándose una pared o dos. ¡Ah, finalmente! ¡A esto sí que puedo llamarlo mi hogar! Se echa hacia atrás en el asiento de la casa rodante, respira profundo y se acomoda para sentir algo fresco. Algo diferente. Luego se da cuenta que ese aire se sentía igual al del viejo cuarto de baño. Esperaba un cambio, pero su alma se desploma al comprobar que, aunque está en un lugar nuevo, todo se siente y huele igual.

Aunque lo que experimenta sea desalentador, eso puede ser la mejor noticia que haya recibido en todo el año. Si se da cuenta que cada situación en la que se encuentra es como un pozo es porque se está llevando su pozo consigo. Y eso significa que ha aprendido algo que realmente necesita saber: Tiene que dejar de andar manejando esa casa rodante hedionda por todos lados.

Si se dio cuenta de que usted es la persona que está manejando esa casa rodante vieja y destartalada, quiero que entienda que lo último que quiero es que pase vergüenza. La única razón por la cual puedo reconocer a alguien que reside en un pozo móvil, es porque se necesita uno para reconocer al otro. Tal vez di en el clavo en cuanto a algo en lo cual soy toda una experta: la vida en el pozo.

Cuando se trata de pozos, supongo que he vivido en todos los que se pueda imaginar. Desde la niñez a la edad adulta, los he recorrido todos, intercambiando un modelo por otro. El pozo era mi infierno seguro en momentos de angustia. Y la única razón por la cual tengo la audacia de escribir este libro es porque ya no estoy allí. Me salí porque algo, *Alguien*, trabajó por mí. Créame cuando le digo esto: Si yo pude salir, cualquiera puede hacerlo.

Varios meses atrás, Dios me llevó a su Palabra para que hiciera una especie de análisis sobre qué era un *pozo* exactamente. Abrí mi fiel concordancia, busqué cada lugar en el cual se usa el término y empecé a trabajar. Allí, en las páginas de las Escrituras, Dios me enseñó tres formas en que podemos entrar a un pozo y algunas maneras en las que podemos salir. El mensaje me renovó tanto que los siguientes meses hablé sobre esto en tres conferencias distintas. La primera fue en California a un grupo de 4.000 mujeres de todas las edades. La segunda también fue a un grupo de miles pero solo había jóvenes universitarias. La tercera fue a una audiencia selecta en un estudio de grabación, para grabarla y pasarla por televisión.

Al final de cada mensaje les hacía las mismas preguntas. La primera era: «Después de todo lo que han aprendido bíblicamente acerca del pozo, ¿cuántas de ustedes pueden decir que han estado en uno?» En los tres grupos, todas las manos se levantaban. No me extrañaba. La segunda pregunta era: «¿Cuántas de ustedes han entrado a los pozos en las tres maneras diferentes de las cuales hablé?» Casi todas las manos se levantaron, incluyendo la mía. Les pedí que cerraran los ojos para poder hacerles la última pregunta: «¿Cuántas de ustedes pueden decir que están en un pozo ahora mismo?» Para mi sorpresa, una cantidad apabullante de manos tímidas se levantaron solo hasta el nivel de los hombros, por si acaso sus vecinas las estaban mirando.

Así que, ¿cuál es la gran sorpresa? Si yo fuera una mujer aficionada a apostar, habría apostado que los tres grupos tenían lo mejor de lo mejor en cuanto a mujeres que buscan a Dios y siguen a Jesús. Muchas de ellas han ido a estudios bíblicos por años. A otras las ven como un modelo a seguir. En cuanto a las jóvenes universitarias, un número significativo de ellas sienten el llamado de Dios para sus vidas. Muchas son espirituales… y desdichadas.

He llegado a la conclusión de que hay infinitamente más personas desdichadas que felices. Muchas más se sienten derrotadas que victoriosas. Sí, dejando las miradas inexpresivas a un lado, están en un pozo. También he llegado a la conclusión de que algunos pozos han sido decorados solo para que se vean mejor que otros. Pero no deje que nadie la engañe. Un pozo es un pozo.

Ese es el problema. Muy a menudo no reconocemos un pozo cuando estamos sumidos en él. La razón por la cual algunas de ustedes, gente buenísima, están en un pozo sin darse cuenta es porque en, nuestra subcultura cristiana, pensamos que el único pozo que hay es el pozo del pecado. Pero si hacemos un análisis bíblico de un pozo, vamos a tener que pensar mucho más abiertamente que eso. Así que aquí va: Puede saber que está en un pozo cuando...

Se siente atrapada. Así lo dice Isaías 42.22: el pozo es un lugar donde la persona se siente atrapada; donde tiende a sentir que su única opción es portarse mal. Por ejemplo: empieza a patalear y a gritar con la esperanza de que sus movimientos le ayuden a liberarse. O decide someterse. Por ejemplo, piensa que es la única causante del lío en que se encuentra metida por lo que decide morir en él. El salmo 40 añade a las características de un pozo palabras como: «resbaladizo», «enlodado», «fangoso».

Jeremías 38.6 describe el pozo como un lugar de hundimiento. Y tiene que haber sido mucho peor con sandalias que con botas. Pero no importa lo que tenga en los pies, usted puede estar segura de una cosa: el pozo solo se pone más profundo. El terreno bajo siempre se hunde.

Usted no tiene dónde apoyar el pie. En Salmos 69.2, David clamó: «Me estoy hundiendo en una ciénaga profunda, y no tengo dónde apoyar el pie». Si aún no está convencida, es tiempo de que acepte el hecho bíblico de que su alma tiene un enemigo real, y este no es de carne y hueso. No podemos seguir ignorando a alguien que sistemáticamente está tratando de destruir nuestras vidas.

Una manera en la que puede saber si está en un pozo, es que se sienta inefectiva y completamente sin poder contra el ataque; que no pueda hacerle frente a las agresiones, los problemas o las tentaciones porque sus pies están metidos en lodo y en fango.

Le ruego que se dé cuenta que su enemigo tiene un tremendo trabajo que hacer, no solo cavando y camuflando un pozo para usted, sino también procurando que usted llegue a caer en él y luego tratando de convencerla de que se quede allí después de haber caído. Él sabe que en su pozo usted se sentirá totalmente impotente para hacerle frente; que se sentirá completamente vulnerable.

Para los antiguos hebreos, un pozo era una referencia literal o figurada a la tumba, a su amenaza o a un abismo tan profundo que el que vive allí se siente como si estuviera muerto en vida. Tomando la aplicación figurada, vamos a definir el *pozo* de esta manera: Un pozo es una tumba prematura que Satanás cava para usted, con la intención de enterrarla viva.

Ha perdido la visión. A diferencia de esa vieja casa rodante, los pozos no tienen ventanas. Las Escrituras los pinta como lugares de oscuridad—la clase de oscuridad que impide nuestra visión. La luz en un pozo es tan mala que ya no podemos ver las cosas que alguna vez fueron obvias. Sin ventanas, estamos convencidas de que no hay ningún otro lugar al cual podamos ir. Sí, siempre podemos mirar hacia arriba. Dios sabe que esa es la única abertura que tenemos, pero muy a menudo estamos tan concentrados en nuestros pies que se están hundiendo que no atinamos a mirar hacia el cielo cuya luminosidad pareciera querer enceguecernos. Nos convertimos en lo que la Biblia llama cuellos estirados.

La visibilidad se extiende a no más de quince centímetros de nuestras narices. No podemos ver hacia fuera, así que vemos hacia adentro. Después de un tiempo, la miopía trae desesperanza. Nos sentimos tan enterradas en la situación en que nos encontramos que perdemos toda pasión por el futuro que se nos ha prometido.

Todos los que hemos sido creados a imagen de Dios, hemos sido creados para que nos desbordemos en una vida chispeante, llena de la visión que Dios nos dio. Fuimos creados para vernos como parte de algo mucho más grande que nosotros mismos. Algo vital. Algo increíblemente emocionante. Pero los ojos de algunos de nosotros se han ajustado a la oscuridad del pozo que nos rodea. Nos hemos olvidado de lo que habíamos visto antes o hemos hecho caso omiso de esos encuentros divinos que tuvimos a temprana edad, como algo que tal vez nos imaginamos cuando éramos inmaduros, justamente como lo que hizo Susan Prevensie después de regresar de Narnia.

En la historia final de Narnia, *La última batalla*, C.S. Lewis nos dice que Susan, que fue testigo de la muerte y la resurrección del león Aslan, que era como un dios en *El León, la Bruja y el Ropero*, recordó los tiempos cuando ella estaba en Narnia como «juegos divertidos que jugábamos cuando éramos niños». Finalmente, llegó a la conclusión de que la tierra celestial de la experiencia que tuvo en su infancia no fue más que una fantasía infantil porque ella «tenía muchas ganas de ser adulta».

Una visión debilitada nos hace envejecer rápidamente y perdemos la ingenuidad que una vez nos hizo sentir como príncipes y princesas reales de un reino. Podemos ser jóvenes y sentirnos viejos al mismo tiempo. Con una carga pesada. En un pozo donde la visión se pierde y nuestros sueños son tonterías.

A través de las próximas páginas, algunas van a reconocer sus pozos. La mayoría no va a adquirir conciencia por ver de repente lo malas que son sino por ver cuán aburridas están.

Empezar a salir comienza con el despertar. Y (esta quizá sea la parte más difícil) estar dispuestas a volver a sentir.

En Salmos 40.2 David exclamó:

Me sacó de la fosa de la muerte,
del lodo y del pantano;
puso mis pies sobre una roca,
y me plantó en terreno firme.

Entonces, estamos claros. No tenemos que estar en una fortaleza de pecado para estar en un pozo. Solo tenemos que sentirnos atrapados, sentir que no podemos ponernos de pie y enfrentar a nuestro enemigo, y sentir que hemos perdido nuestra visión. ¿Ha estado en alguno? ¿Está en uno ahora mismo? ¿Hay alguien que usted ama que se encuentra en uno? ¿Cómo hace una persona para meterse en estos pozos? Más importante, ¿cómo se puede salir de ellos? Estas son las preguntas que vamos a contestar en el resto de este libro.

2

Cuando la lanzan a un pozo

Es cierto. A usted la pueden lanzar a un pozo sin hacer nada para merecerlo y sin querer meterse en él. Aquí no estoy hablando de un pozo de pecado sino de un pozo de inocencia. La pueden echar directamente en la profundidad del fango antes de que usted pueda reaccionar. O peor aún, antes de identificar a quién lo hizo. De hecho, estas eran las circunstancias del primer pozo mencionado en las Escrituras. Los detalles están en Génesis 37.23-25:

> Cuando José llegó a donde estaban sus hermanos, le arrancaron la túnica especial de mangas largas, lo agarraron y lo echaron en una cisterna que estaba vacía y seca. Luego se sentaron a comer.

En un arranque de celos y furia como resultado de la parcialidad de su padre, los hijos mayores de Jacob echaron a su hermanito José de diecisiete años de edad en una cisterna con la intención de dejarlo morir allí. Piense en esto por un momento. Quizá haya leído esta historia tantas veces que la acción de los hermanos le parezca algo trivial. Después de todo, las cosas resultaron bastante bien, ¿verdad?

Hace un tiempo, una mujer de Dios con grandes talentos me dijo que cuando era niña su papá la había sacado del auto en un camino rural porque estaba llorando. Y que la había dejado allí, sola, y se había ido. Y que más tarde había regresado a buscarla. Venía furioso y le dijo que esperaba que hubiese aprendido la lección. Claro que la aprendió. Supo a partir de aquel día que no podía confiar en su padre.

A pesar de todo lo que he visto y oído a lo largo de mi vida, cuando ella me contó esta historia, me quedé boquiabierta. Estaba sencillamente horrorizada. Como esta mujer ha sido usada grandemente por Dios, usted pensará que las cosas le resultaron bien a ella también. Pero le puedo asegurar que el precio que tuvo que pagar fue extremadamente alto. Después de casada, no pasa día en que no tenga que tomar conscientemente la decisión de creer que el esposo que Dios le dio no la va a dejar tirada en algún lugar e irse sin regresar a buscarla. Nunca minimice la decisión que alguien como ella tiene que hacer diariamente de afirmar bien sus tacones en la roca para no deslizarse en ese pozo familiar que continuamente la está llamando: «¡Ven a casa! ¡Ven a casa!»

En otra versión de la Biblia, Salmos 40.2 dice de esta manera: «[Dios] también me sacó de un pozo horrible». Sí, eso dice. Algunos pozos son simplemente horribles. Y cuando nos sentamos frente a alguien que puede decirnos haber estado en uno, nuestra primera reacción es de horror. Espero no llegar nunca a un punto en que deje de llorar cuando escuche algunas de las historias que me cuentan. Cuando escuche historias como esta y lea testimonios parecidos, recuerde que estas cosas les suceden a personas vivas y reales, de carne y hueso, cuyas heridas si bien pueden cicatrizar, antes han sangrado profusamente. Muchas personas que nos rodean han sufrido horriblemente en un pozo que no cavaron ellas mismas. A menudo necesitan que alguien les diga: «Eso es *horrible.* Estoy tan triste que realmente no sé qué decir». Luego, cuando se gane su confianza y considere que es el tiempo adecuado, quizás pueda compartirle su esperanza.

Las formas en que nos pueden echar en un pozo son tan variadas como las huellas plantadas en ellos:

- Como mis amigas Cara, Christen y Amanda, que vieron a una jovencita embriagada salirse del camino con su auto, entrar al patio de su casa y atropellar a su mamá, una tragedia inesperada puede lanzarla a un pozo.
- Como una preciosa mujer del estudio bíblico que fue apuñalada varias veces por su novio con el cual estaba tratando de romper, un crimen violento puede lanzarla a un pozo.
- Como mi familia de origen, a usted la puede lanzar a un pozo un ser querido afectado por una enfermedad mental.
- También como mi familia, a usted la puede lanzar a un pozo un alcohólico que dejó un sendero de destrucción demasiado ancho como para poder evitarlo. No condeno a este ser querido pero es por la gracia de Dios que yo no me fui por ese mismo camino.

- Como mi amiga Sara, a usted la puede lanzar a un pozo un marido que después de veinte años de casado dice estar enamorado de otra mujer, así que se va.
- Como los hijos de Sara, a usted la puede lanzar a un pozo un padre que repentinamente abandona el hogar.
- Como Eric, un hermano en Cristo, a usted la puede lanzar a un pozo una mujer cruel que le dice que está muy aburrida y que se va a ir a divertir sin usted.
- Como mi amigo Shawn y una cantidad asombrosa de otras personas como él, a usted la puede lanzar a un pozo una enfermedad muy grave, de muerte inminente.
- Como Jim y Connie, a usted la puede lanzar a un pozo el nacimiento de un niño con graves impedimentos que tal vez nunca la llegue a reconocer pero que probablemente viva más tiempo que usted.
- Como Charles y Gayle, a usted la puede lanzar a un pozo el incendio de su casa justo cuando no la tenía asegurada.
- Como un buen número de los miembros de mi iglesia en Houston, a usted la puede lanzar a un pozo la pérdida financiera que sucede cuando una compañía como Enron se desploma.
- O, como muchos niños que estaban en la misma fila que Melissa y yo, esperando para visitar a un ser querido encarcelado, a usted la puede lanzar a un pozo un padre drogadicto que rara vez está lo

suficientemente sobrio como para interesarse por usted. No lo dude. Un pozo le ofrece residencia permanente tanto al rico como al pobre. Al dolor no le importa su estado social.

- Como yo, a usted la puede lanzar a un pozo un pariente cercano egoísta y lo suficientemente enfermo como para atacarla sexualmente cuando era niña.
- Como mi esposo Keith, a usted también la puede lanzar a un pozo la muerte repentina de un hermano mientras estaban jugando juntos y, como él, deseando haber estado en su lugar.
- También como mi esposo, a usted la puede lanzar a un pozo la pérdida de otro hermano lo que la hace pensar por qué la vida es tan injusta que permite que algunas familias sufran más que otras.
- Sea, en el siguiente ejemplo, junto conmigo, un poco más reverente: Como Mary, Sue, Ginny, Heather, Buddy, Randy, y muchos otros con nombres reales y dolores reales, a usted la puede lanzar a un pozo la muerte de un hijo querido e irreemplazable.
- ¿Cómo usted?

No es fácil para mí escribir estos ejemplos como seguramente no lo es para usted leerlos. Pero no conozco otra forma de salir del pozo si rehusamos reconocer o hablar de estas cosas. Claro, podemos experimentar golpes como estos sin necesariamente descender al pozo, pero las probabilidades de aguantar tantos horrores sin caer en la oscuridad por al menos un ratito son tantas y tan eficaces como si José hubiera tratado de agarrarse del borde de esa cisterna y resistir el empujón que le dieron sus hermanos. La fuerza de ciertas circunstancias que lo empujan hacia abajo puede ser demasiada como para poder resistirla.

Muchos de nosotros nos encontramos en un pozo mucho antes de llegar a la edad de diecisiete años como José. Para ser sincera, no me acuerdo de mi vida antes del pozo. Mucho antes de ir al kindergarten yo ya tenía problemas de disciplina, típicos de una persona que ha sido víctima de abuso. Visitas frecuentes al pozo tienden a convertirse en lugar de residencia permanente. Mientras más temprano entremos al pozo o mientras más tiempo nos quedemos en él, más lo sentiremos como nuestro hogar. Empezamos colocando cuadros en la pared, organizando el lugar y haciéndolo lo más confortable posible. Si somos lo suficientemente amables, quizá hasta pongamos un sofá de Pottery Barn y utensilios de cocina de Williams Sonoma justo en medio del pozo. Pero apenas cae la lluvia, todo queda embarrado. Ese es el problema. Todos los pozos tienen piso de tierra.

De las tres maneras de meterse en un pozo, ser echado en él no por *algo* sino por *alguien*, puede ser la más complicada de tratar, tanto emocional como espiritualmente. Le daré unas cuántas razones del porqué.

Para empezar, cuando alguien nos lanza al pozo, obviamente tenemos a alguien a quien echarle la culpa. *Ese alguien es quien tiene la culpa*. ¡Estamos hablando de un caso hipotético que tiene la capacidad de comernos vivos! A veces, cuando alguien nos lanza a un pozo, suponemos en lo profundo de nuestro corazón que no era la intención de aquella persona hacer lo que hizo. Como por ejemplo, un familiar con una enfermedad mental, o una madre que descuida a sus hijos porque no puede hacer más que concentrar su atención en el hijo que está gravemente discapacitado. Aunque el dolor puede alterar nuestra forma de pensar, los motivos y las intenciones aún significan mucho para nosotros, y saber que alguien nunca tuvo la intención de herirnos puede hacer que progresemos considerablemente en nuestro intento por salirnos del pozo. Las emociones todavía son complicadas, pero no tanto como pudieran ser si nos hubiesen herido intencionalmente.

¿Quiere hablar de complicaciones? Muy bien. ¿Qué tal las veces cuando fue lanzada a un pozo por el pecado de otra persona, y esa persona resulta ser un miembro de la familia? ¿O un ser querido que supuestamente la amaba? Recuperarse del trauma hubiese sido suficientemente difícil si hubiesen sido personas desconocidas que la escogieron al azar y la lanzaron al pozo. En vez de eso, fueron personas de su propia carne y sangre que lo hicieron… e intencionalmente. Volvamos al pasaje tomado del libro de Génesis que cité al principio de este capítulo. Incluí a propósito esa línea que habla de cómo los hermanos de José, después de tirarlo en el pozo, «se sentaron a comer». Piense en esto por un momento. Acababan de lanzar a su propio hermano (que seguramente estaría pataleando y gritando), en un hueco profundo pero aparentemente no se sentían mal por ello. No huyeron por temor a sus vidas. Se sentaron, sacaron sus emparedados de mantequilla de maní con jalea y comieron su almuerzo. Da rabia, ¿no? Génesis 42.21 describe qué «brotaba» del pozo mientras ellos estaban almorzando. La Nueva Versión Internacional dice: «Aunque vimos su angustia cuando nos suplicaba que le tuviéramos compasión, no le hicimos caso».

¡Cuántas veces el enemigo ha usado a alguien para lanzarnos a un pozo, y después de hacerlo, esa persona se mantiene cerca y sigue su vida como si nada hubiese pasado (comiendo, trabajando, jugando, yendo a la iglesia, etcétera), ve nuestra angustia y aflicción, *pero no nos hace caso*! Tal vez hasta nos desprecie por nuestra debilidad. Esto sí que es complicado. Lo sé por experiencia. Pero quizás lo que sea más trágico sean las cosas humillantes que tenemos que hacer para que alguien nos haga caso, y lo que terminamos haciendo es cavar más profundo nuestro pozo. ¡Cuántas veces me he expuesto al ridículo solo tratando de que alguien que me hirió me haga caso!

Queridas, detesto tener que traer esta palabra a relucir, pero no tengo otra opción. Es la última palabra que querríamos escuchar provocando un eco en el pozo en que nos echaron. Pero tenemos que abrir nuestros oídos y oír de nuevo esa palabra difícil: *perdonar.* Es algo muy difícil de hacer, pero tenemos que perdonar hasta, no, *especialmente* a aquellos que no les importa si son perdonados.

A través del poder infundido por su propio Espíritu, perdone como Cristo perdonó cuando dijo: «Padre, perdónalos, porque no saben lo que hacen». Traducción:

«Ellos no tienen ni idea de lo que han hecho». Quienquiera que haya sido que la lanzó al pozo, no tiene ni idea del intenso dolor que le causó. No estoy segura si entenderían si se les dan detalles. No, ellos no tienen ni idea hasta dónde se vieron afectadas sus decisiones y sus relaciones. Humilde pero de manera bien específica, perdónelos no solo por sus acciones destructivas, sino también por su *ignorancia*. No tiene otra opción si quiere salir de ese pozo.

Sé que esto lo ha oído miles de veces, pero este puede que sea el día en que realmente lo entienda. Este puede que sea su día de liberación. ¿Cree que no lo puede hacer? Yo me sentí de esa misma manera. Oí una y otra vez que tenía que perdonar, pero lo que hacía era cruzarme de brazos y rehusarme a hacerlo. Verá, yo empecé en un pozo de inocencia, pero a través de los años mi amargura cambió mis muebles de lugar hasta que no quedó más que un pozo de pecado camuflado.

Pensaba que al perdonar a los que me lanzaron al pozo todo quedaría bien. Pero no fue así. Lo que no había entendido acerca del perdón era que al perdonar, *yo* quedaría bien. Un día, finalmente empecé a entender el mensaje, y estoy orando ahora mismo para que hoy sea ese día para usted.

Quiero decirle algunas de las cosas que me han ayudado a salir del pozo de no querer perdonar. Cuando empecé a ver que el resentimiento que tenía hacia la gente que me había herido solo fortalecía el cautiverio al cual me habían sometido, Dios cambió la forma de ver el cuadro completo.

En Marcos 6.19 la palabra griega traducida «le guardaba rencor» significa: «agarrarse, aguantar... metafóricamente, contener o ser contenido por alguna cosa; verse envuelto en algo, estar enredado en algo, estar sometido». ¿Qué le parece? Nuestros rencores solo sirven para envolvernos y enredarnos con las personas que no queremos perdonar. ¡Qué irónico! Cuando no perdonamos, la gente con la cual no queremos estar porque nos hirieron tanto es la misma gente con quien estamos dondequiera que vayamos. Aunque no lo crea, al no perdonarlos nos sometemos a ellos. ¿Quiere estar sometido a alguien que le ha herido terriblemente? Yo tampoco.

Le voy a decir algo más que a mí me ha ayudado mucho. De alguna manera, solo pensar que yo tenía que perdonar hacía que me sintiera más abusada, como si estuviese siendo forzada otra vez a permanecer pasiva hacia el autor del crimen.

Mi gran avance llegó cuando me di cuenta que nada requiere más poder divino que el perdón, y, por lo tanto, no hay nada más poderoso que perdonar. Nunca usará su propia volición, la fuerza de su voluntad, más dramáticamente que cuando está de acuerdo con Dios en que debe empezar a perdonar. El perdón no tiene que ver con sentimiento. Tiene que ver con la *voluntad*. Y no existe mayor fuerza que la voluntad. El perdón fue la fuerza que sostuvo a Cristo, por sumisión propia, clavado a esa cruz. Él pudo haberse bajado en menos de un segundo. Pudo haber convocado a todos los arcángeles del cielo, armados y listos. Perdonar no es pasividad, querida. Es la habilidad de resistir las puertas del Hades que tiemblan. Tome este poder y ejérzalo. Es su derecho como hija de Dios. En el poder de Jesús, primero lo deseará y luego lo sentirá.

La experiencia cristiana está repleta de paradojas. Entre ellas está el hecho de que se requiere más fuerza física y personal para arrodillarse y someterse a Dios que para pararse y luchar nuestras batallas para obtener reconocimiento. No deje que nadie le haga pensar que el perdón es una alianza con la debilidad. No hay nada que requiera más esfuerza que extender los brazos y darle solo a Dios el derecho a vengarse.

Pueden haber unos cuantos argumentos más que hacen que echarle la culpa a alguien sea igualmente irresistible. El libro de Job sugiere ambos. No es coincidencia que Job se refiera al pozo numerosas veces, porque nada nos invita más a una tumba prematura que la pérdida y el sufrimiento. Sencillamente, la pérdida y el sufrimiento pueden hacer que deseemos estar muertos. Y como Satanás desea lo mismo, su trabajo es mantenernos pensando de esa manera malsana. En tal angustia del alma, nuestra naturaleza humana busca desesperadamente a alguien a quien echarle la culpa cuando las cosas no salen bien.

Los amigos de Job trataron que se echara la culpa. O, si usted es como yo, entonces es más que nada por la insistencia que tiene de odiarse a sí misma. ¿No hemos estado nosotros en esa misma situación y hemos tenido la urgencia enfermiza de echarnos la culpa? *La culpa es mía.* Una razón por la cual Satanás continúa como el acusador (vea Apocalipsis 12.10), es porque él sabe que aún cuando somos inocentes de cualquier motivo que nos hizo caer a un pozo, aceptamos que no somos inocentes en otras cosas. Él juega en nuestras mentes con nuestras conciencias para que no podamos distinguir entre las áreas en que somos culpables y aquellas en que somos inocentes.

Por ejemplo, una mujer ha sido violada y puede que esté siendo atormentada al recordar las veces cuando participó voluntariamente en las relaciones físicas que tuvo en el pasado. Ahora, entonces, escucha al acusador, pierde su habilidad de discernimiento y concluye que tal vez haya consentido en la violación. *Incorrecto.*

Un hombre que es abandonado por su esposa puede llegar a convencerse que mereció que ella lo dejara porque él trabajaba muy duro. No. Tal vez merecía que lo confrontaran. Tal vez necesitaba consejería. ¿Pero se merecía el abandono?

Sus hijos se echan la culpa porque están seguros de que lo que realmente causó la separación fueron las peleas que tenían entre ellos. Ellos sabían que debieron de haber terminado con eso. Y que debieron haber limpiado sus cuartos. Ahora, observan lo que han causado.

Observe la confusión adicional que el enemigo puede causar cuando sugiere que usted mismo cave el pozo y que se meta gateando en él.

Escuche cuidadosamente: Usted puede estar en un pozo inocentemente aunque no siempre haya sido inocente. No sea tan dura consigo misma. No hay nadie que haya sido inocente siempre, excepto los niños bien pequeñitos. Así que tal vez la pregunta no es: «¿Ha hecho usted *algo* malo?» sino: «¿Justifica lo malo que ha hecho que lo lancen a ese pozo?» Si lo justifica, bueno, ya somos dos, y vamos a hablar de eso en los próximos capítulos. Si no lo justifica, está en un pozo de inocencia... sea indiscutiblemente inocente o no en todas las demás áreas de su vida.

Satanás es todo un experto para usar nuestras propias inseguridades en contra de nosotros. Él sabe que muy profundo en nuestros corazones somos tan frágiles y hemos sido tan heridos por la vida que el más débil de sus susurros nos puede hacer sentir culpables aun cuando no lo seamos. Es verdad que tenemos algunos problemas, pero los problemas no cavan pozos. Solo ofrecen palas. Nosotros proveemos el sudor.

Tenemos que ir a un lugar más antes de terminar este capítulo: *Dios tiene la culpa*. ¿Qué hacemos cuando sentimos que Dios es el culpable por el pozo en que estamos metidos? ¿Como cuando perdemos a un ser querido o perdemos nuestra salud? De todos los consejos gratuitos que Job estuvo recibiendo, él pudo seguir los consejos de sus amigos, echándose la culpa, o pudo seguir el consejo de su esposa (o tal vez sus propias emociones) y echarle la culpa a Dios. El problema de echarle la culpa a Dios es que se le acusa de haber hecho algo malo. Menos mal que, «Él conoce nuestra condición; sabe que somos de barro» (Salmos 103.14). En otras palabras, Él nos entiende y toma en consideración nuestras limitaciones.

Por otro lado, algunas veces nosotros somos totalmente incapaces de entender sus caminos. Aún así, en su entrañable misericordia Dios nos deja hacerle la misma pregunta latosa que Abraham le planteó: «Tú, que eres el juez de toda la tierra, ¿no harás justicia?» Tal vez nosotros le preguntemos usando palabras diferentes, tales como: «¿Realmente podemos estar seguros de que Dios quiere nuestro bien?» O tal vez lo decimos en silencio, dejando que nuestros corazones que se han apartado hablen por sí solos.

Si estamos dispuestos a permanecer lo suficientemente cerca y observar por un largo tiempo, descubriremos que la respuesta a la pregunta es enfáticamente *sí*. El juez de toda la tierra hará lo que haya que hacer. Él es perfección total. Sabio. Bueno.

Satanás no tiene una arma más efectiva en su arsenal que preguntarnos, si Dios es realmente bueno. Él sabe que solo Dios posee el poder y la pasión para que seamos restaurados después de casi haber sido destrozados en los campos mortales de la vida. La razón por la que Satanás nos convence de no confiar en Dios y apartarnos de Él es para mantenernos quebrantados, ineficientes y, francamente, fuera de su camino.En mi iglesia tengo una hermosa amiguita de doce años de edad que se llama Kendall. La conozco de toda la vida y he orado por ella desde cuando el doctor descubrió su Síndrome de Down. Kendall ha participado en deportes y asiste a la escuela. Me contaron cuando por primera vez corrió hacia la base en un juego de béisbol y la primera vez que terminó todas las vueltas en su competencia de natación. A ella y a mí nos gusta usar nuestras botas negras cuando vamos juntas a la iglesia. Yo estoy encantada con ella.

Característicamente activa, hablantina y jovial, unos meses atrás se puso dramáticamente letárgica y cada vez más pálida. Todos quedamos atónitos cuando supimos que tenía leucemia. No, no solo atónitos. Horrorizados. En la privacidad de mi propia relación fuerte y segura con Dios, la noticia me dejó dando vueltas. ¿No tenía suficientes cosas con qué lidiar? ¿Y también su familia? ¿No se ha portado tan bien? ¿Por qué ella? ¿Por qué no yo? Y si mis emociones estaban conturbadas por la mala noticia, ¿se puede imaginar lo que sintió su familia? (Aún ahora no puedo ver mientras escribo, por las lágrimas que brotan de mis ojos.)

Poco después que a Kendall se le diagnosticara la enfermedad, yo tuve que hacerme unos exámenes médicos. Ella y yo nos enviábamos mensajes escritos por el celular desde los diferentes hospitales. Ella oraba por mí; yo oraba por ella. Los sentimientos de culpa amenazaron con abrumarme, ya que mis exámenes salieron bien y los de ella no. Tal vez ella oró mejor que yo.

En la paciencia y la gracia de Dios, Él me dejó dar vueltas hasta ir a parar en Sofonías 3.5: «Pero el Señor que está en ella es justo; no comete iniquidad... no deja de hacerlo cada nuevo día». El versículo describe a Jerusalén, pero yo creo que Dios lo usó en ese momento para hablarme de Kendall, aquella preciosa hija suya que abierta y confiadamente llama a su Hijo, Salvador.

El Señor está dentro de ella a través de su Espíritu Santo. Y Él es justo. Y no comete iniquidad. Me bebí esas palabras como un tónico mientras permanecía sentada delante del Dios que yo amo, y en quien confío, y lloré. Mis sentimientos estaban heridos. No porque Dios era malo, sino porque algunas veces mis sentimientos no reflejan la verdad. Allí mismo en su presencia, empecé a decir todo lo que yo sabía que era verdad, y muy pronto cambió lo que sentía. No, no puedo explicar cómo funciona lo de la bondad de Dios y el sufrimiento del hombre, pero yo sé que Dios no les hace mal a sus hijos. Él no puede. Inconcebiblemente santo, Dios no puede pecar. Él es una Luz inaccesible y en Él no hay oscuridad.

Al final del libro de Job, su protagonista tampoco tuvo respuesta a sus preguntas originales, pero él sabía que su Dios era inmenso, que su Dios era sabio y que su Dios lo redimiría. Echarle la culpa a Dios como una forma de acusarlo de todo lo malo, solo nos mete más adentro del pozo. Pero ponerlo como el responsable en última instancia de una manera positiva, como su Palabra lo sugiere, ese es nuestro boleto de salida.

No se me vaya. Sé que acabo de hacer una declaración que necesito desempacar para usted. La forma en que reaccionemos al último análisis de este capítulo determinará si es que vamos a salir o nos vamos a quedar en el pozo al cual nos han lanzado.

Piense en José, nuestro primer ejemplo de las Escrituras de alguien que estaba en un pozo y al cual no se metió por su propio gusto. Él tenía muchas personas a las cuales echarles la culpa y así justificarse. Sin embargo, el resentimiento solo hubiese mantenido sus pies enterrados en el fondo de su pozo. En algún momento, José decidió no solo mirar hacia arriba, sino también señalar hacia arriba. Por su decisión de ver a Dios como el soberano total y el responsable en última instancia, no halló la muerte. Esto fue lo que le dio vida. ¿Por qué? Porque él sabía que Dios solo podía ser bueno y hacer el bien. Las palabras que les dijo a sus hermanos culpables han sido de medicina a muchas almas enfermas que han estado dispuestas a tragársela de una vez: «Es verdad que ustedes pensaron hacerme mal, pero Dios transformó ese mal en bien para lograr lo que hoy estamos viendo: salvar la vida de mucha gente» (Génesis 50.20).

Observe bien la palabra *pensaron*. Viene de la misma palabra hebrea traducida como «planes» en Jeremías 29.11: «Porque yo sé muy bien los planes que tengo para ustedes —afirma el Señor—, planes de bienestar y no de calamidad, a fin de darles un futuro y una esperanza». Dios está haciendo planes para con sus hijos continuamente. Y cuando Dios piensa o hace planes para con sus hijos, Él solo piensa en lo que puede ser para nuestro bien, en el presente y en el futuro. Sus intenciones solo pueden ser puras. Reales. Llenas de esperanza. Promoviendo la paz.

Escuche cuidadosamente. Dios no dejó accidentalmente o al azar que los hermanos de José lo echaran en el pozo. Él ya lo había pensado de antemano. Lo había considerado. Lo había sopesado. Lo había verificado contra el centro de su plan. Él había visto lo bueno que podía lograr en última instancia, las vidas que recibirían ayuda y que podrían salvarse. Entonces, y solo entonces, en su propósito soberano permitió que tal daño cayera sobre su hijo amado. Si el incidente no hubiese tenido un propósito glorioso, Dios lo habría desactivado.

Amadas, esto no solo lo sé como un hecho bíblico; lo sé como un hecho personal. Lo vivo cada día.

¿Puede usted pensar en algo más malvado que el abuso infantil? Lo que sea no es tan horrible como esto. Cuando yo era niña, Dios ya sabía los planes que Él tenía para mí… así como sabía los planes que Él tenía para usted. En su soberanía, Él permitió que me ocurrieran una serie de cosas malas, las cuales tuvieron enormes efectos sobre mi vida. Por muchos años, coseché un torbellino de consecuencias negativas, y para empeorar la situación, añadí toda clase de pecados a lo injusto de lo que me ocurrió. Entonces un día, estando en el fondo de mi pozo, alcé hacia el cielo la cabeza cansada y mi cara sucia y llena de lágrimas. Y la redención se acercó a mí. Dios sabía cuáles eran los planes que Él tenía para mí. Planes de bienestar y no de calamidad. Planes para darme un futuro y esperanza. Desde entonces, he vivido lo suficiente como para ver que Él logra todo lo que su Palabra dice que hará. Suficiente para ver que la belleza supera las cenizas, que el placer divino supera el dolor.

Amada, sea que hable de mi pasado o no, Dios usa lo que digo en mi ministerio cada día sin fallar. En mis amistades. En mi maternidad. En mi matrimonio. Él hace lo mismo por Keith. Quizá la única cosa que podría ser peor que el abuso infantil sea la muerte de un niño.

En dos situaciones distintas, Keith perdió a su hermano mayor y a su hermana menor. Anteayer, él estuvo una hora en el teléfono con una amiga que había perdido a su hermano mayor en un accidente automovilístico. Oró por ella y le contó cómo fue que pudo vivir a través del dolor. Esto mismo lo ha hecho miles de veces. El pasado de Keith es parte de quien él es. Y mi pasado es parte de quien soy yo. Parte de quien Dios está moldeando.

Keith y yo hemos pasado por tanto, mucho más de lo que compartimos con otros, que de vez en cuando los recuerdos o los lamentos nos deprimen. La semana pasada, Keith tuvo uno de esos momentos. Habíamos estado hablando de nuestros seres queridos y sus personalidades. ¿Eran optimistas, coléricos, melancólicos o flemáticos, o una combinación de dos? Él se puso bien serio y dijo: «¿Cómo piensas que hubiese sido yo? Tú sabes, ¿si todo eso no hubiese pasado? Si Duke no hubiese muerto. Si mi familia no hubiese tenido todos esos problemas. Si yo no hubiese sido tan malo y no hubiese cometido tantos pecados».

Yo creo que las palabras que salieron de mi boca fueron de Dios y no mías, porque no soy lo suficientemente inteligente o ágil como para pensar tan rápidamente. «Mi amor», le respondí: «Tú eres una mejor persona ahora que has *sanado* que si hubieses estado siempre bien».

Ay, amada, ¿se mantiene pensando en cómo hubiesen sido las cosas si *eso* no hubiese pasado? ¿Estaría dispuesta a escuchar las mismas palabras que le dije a Keith? Usted tiene la capacidad de ser diez veces mejor sanada, que si hubiese estado siempre bien. La abundancia de su experiencia la hace rica. Úsela en las personas que están heridas. ¡Ellas lo necesitan tanto! Si Dios pudo usar el abuso infantil y las tragedias familiares, Él puede usar cualquier cosa. Usted no tiene que tener un ministerio de tiempo completo para que Él pueda llevar a cabo la clase de redención que describí anteriormente. La gente en su trabajo y en su vecindario están muriéndose por tener esperanza. Muriéndose por saber que hay un futuro. Muriéndose por saber que hay un Dios... y que Él está de su parte y no en contra de ellos.

No sabemos qué clase de ataque planea usar el enemigo en contra suya y en contra mía, pero en cada una de nuestras vidas Dios solo ha permitido lo que Él sabía después de haberlo pensado detenidamente que podía ser usado para bien, para ayudar, hasta para salvar muchas vidas. Si estuviese dispuesta a dejar un legado de fe, algunas de esas vidas a las que ayudó bendecirán esta tierra después de que usted se haya ido. Las vidas que necesitan la clase de ayuda que puede dar la están rodeando ahora mismo. Cada una vale la pena.

Dios nos ha dado a Keith y a mí las hijas más comiquísimas. El año pasado, Melissa estuvo en casa por unos cuantos meses desde que se acabó el colegio hasta que empezó la universidad. Tal vez es un poco ridículo decir que nunca puse un despertador en el cuarto de las muchachas cuando estaban creciendo. Tan tonto como esto puede sonar, yo quería ser la que las despertara. Quería que lo primero que escucharan fuera la voz de alguien que las quería mucho.

Bueno, Melissa había estado fuera de casa estudiando por la mayor parte de los cuatro años, pero como cualquier padre de un hijo adulto le diría, generalmente cuando regresan a casa no tardan mucho en deslizarse bajo las cobijas de la niñez. Al día siguiente de haber llegado, tenía que ir a algún lado así es que me pidió que la despertara «como lo hacías antes, mamá». Sí, claro que lo iba a hacer. Y lo hice. Una vez. Dos veces... seis veces. Siete y ella rehusaba despertar. Finalmente alcé la voz y ella respondió: «¡Mamá, ven para acá!» Alzó las cobijas de la cama, dio unas palmaditas en las sábanas y me dijo: «Ven y acuéstate aquí».

Yo me resistí. Tan testaruda como un buey, no dejó de insistir hasta que consiguió que me sentara en la cama. «¡No, mamá, acuéstate bien!» Lo hice. «Métete debajo de las cobijas». Lo hice. «Tápate». Lo hice. «Ponte la almohada justo debajo de la cabeza». Lo hice. «Siente la cama, mamá». Lo hice. ¡Ay! ¡Se sentía tan bien! Acostada a mi lado, exactamente con la misma postura, me miró y me dijo bromeando: «Ahora, ¿te gustaría levantarte de la cama como si fueras yo?»

He pensado en ese momento miles de veces. La vida es dura. La mayoría de nosotros podemos decidir seguir enfadados, amargados, con temor e inseguridad por el resto de nuestras vidas. Pensamos que queremos que los demás se acuesten a nuestro lado y sientan lo que sentimos, y nos den permiso para permanecer allí. Pero si lo hacen, nos ayudan a convencernos de que nos sintamos en casa en la tumba prematura que Satanás cavó para nosotros. Están de acuerdo con nuestra muerte en vida.

Jesús bajó a estar con nosotros en nuestra tumba, se quedó allí por unos tres días, y luego salió... para que así nosotros tuviésemos el permiso de salir también. Y empezar a vivir la vida.

Amada, piense bien en esto: Si Dios permitió que la lanzaran a un pozo, usted no fue una víctima; fue una elección. Dios le confió ese sufrimiento porque Él confía en usted. Viva a la altura de lo que Él espera de usted. Viva bien alto.

3

Cuando se resbala en un pozo

Usted puede resbalarse y caer en él. Esta es la segunda manera en que puede hallarse dentro de un pozo. A diferencia del pozo en el cual somos lanzadas, nosotras nos metemos en este. Pero aquí está el truco: no fue nuestra intención. Lo que pasó es que no estábamos mirando a donde íbamos. Quedamos un poco distraídas por las cosas nuevas que estábamos viendo. Pensamos que todavía estábamos bien, pero de repente nos encontramos en un hoyo, con nuestros tobillos metidos en el lodo.

Usted lo daría todo para que otra persona la hubiese echado en él, porque detesta ser la culpable. De hecho, al principio trató de pensar que fue la culpa de otra persona. Cualquiera. Pero después se encontró dentro del pozo lo suficiente como para que el sol del mediodía se plantara directamente sobre su cabeza. Con los ojos entrecerrados y una mano sobre sus cejas, miró hacia arriba para ver las marcas de dos tacones familiares que dejaron surcos gemelos desde la boca del pozo hasta el fondo donde se encuentra de pie ahora. Ese sentimiento de náusea le dice que, sin importar quien estaba involucrado, nadie la empujó para que cayera en ese pozo. Y aunque no está segura cómo pasó, fue usted quien se metió aquí.

En estos instantes, me hubiese gustado estar sentada frente a frente con usted en el restaurante IHOP compartiendo nuestras historias. Si quiere que me sienta como en casa, yo pediría una *crêpe* de limón con un poco de jamón, y usted podría ordenar una tortilla de papas como le gusta a Keith. Pero no pediremos que nos sirvan café. Hay un Starbucks al lado. Cuando estemos allí, hablaremos hasta la hora del almuerzo, y luego transferiremos nuestra conversación a un lugar cercano donde sirven las mejores enchiladas de queso de Houston. Estoy segura que usted podría ensanchar mi mundo considerablemente... y yo el suyo. No sobre comida, sino sobre *pozos*.

¿No hemos estado ambas en lugares a los que nunca tuvimos la intención de ir? ¿No podemos encontrar compañerismo en el sufrimiento de habernos resbalado en un lío tan terrible? Irónicamente, nada nos hace sentir más solas que estar en un pozo, pero aún así tenemos suficiente compañía subterránea como para desplazar a la sobrepoblación de ardillas de tierra del oeste de Texas y dejarlas sin techo por años. La cosa es que no puede ver a todos esos vecinos subterráneos por la pared propia que tiene en el pozo. En caso de que nadie que esté cercana a usted esté admitiéndolo, VOY A HABLAR ALTO. Después de haber recibido gracia, lo menos que puedo hacer es compartir algunas de las lecciones que aprendí de esos pozos.

Recientemente recibí una carta de una señora describiendo los obstáculos terribles que había tenido que enfrentar. Luego procedía a darme una lista de las cosas maravillosas que han pasado en mi vida y terminaba preguntándome cómo una persona como yo tenía la audacia de ofrecer consejos (por medio de estudios bíblicos) a alguien como ella. No me importó que preguntara. Es que ella no sabía. Dios me ha bendecido enormemente pero, para estar seguro, Él ha dejado algunos cardos y espinas en mi patio que han sido de ayuda para que no me sienta demasiado a gusto en medio de tanta belleza.

La hermana que me escribió estaba en lo cierto; ella la estaba pasando peor que yo. Pero yo he vivido lo suficiente como para saber que nadie la tiene fácil. Ese bolso Prada en el hombro de alguien puede verse impresionante, pero todavía tiene basura por dentro. Cada persona lidia con un dolor secreto. Dolores privados. Algunos de esos dolores han persistido por un largo tiempo. Le respondí a la mujer tan gentilmente como pude y la incluí en mi propia lista. Voy a obviar los detalles no muy buenos, si usted promete confiar en que sí tengo una lista.

En una sola ocasión en mi edad adulta me dejé atrapar en una temporada de desesperación total. Fue años atrás cuando enfrenté mi pasado por primera vez. Recientemente he sido tentada a hacer lo mismo. Tentada a tomar un descanso y parar de pelear la buena batalla. Tentada a sentarme sobre mis dificultades, llorar «ay de mí», y revolcarme por un rato. Pero sé que hay algo mejor que eso. He aprendido por el camino que cuando Satanás hace las veces de camarero, prefiere servir tragos combinados. Usted sabe lo que quiero decir. Cocteles de problemas. Si toma uno a la vez, usted puede seguir caminando derecho. Si los mezcla todos juntos, la pueden dejar dando vueltas. Ya sé que si caigo en la tentación, no va a ser un tiempo corto de lamentos. Satanás me tiene registrada en un motel de larga estadía, en el cual soy propensa a resbalarme desde el mostrador de recepción a un agujero negro en menos de un segundo. No. No me voy a meter en ese pozo. Pero solo digamos que lo puedo ver desde donde estoy parada.

Todo empezó con un problema de salud que duró por meses y me afectó físicamente. Finalmente el problema se resolvió, pero no sin hacerle unas alteraciones forzadas a mi calendario irracional. Entre otras cosas, tengo que admitir mis limitaciones y dejar de hacer algo que me gusta muchísimo. Tuve que renunciar a la clase en la cual yo enseñé por veintidós años. Todavía me gustaría estar amargada por ello, pero le temo mucho a Dios. Él me está tratando de ayudar, y si no dejo que lo haga, soy propensa a trabajar hasta caer en una tumba prematura.

Tal vez como usted, yo también tengo una situación relacional a largo plazo que periódicamente, y a veces regularmente, me causa mucho dolor. Quiero que la situación a largo plazo se arregle de una vez por todas, pero en cambio, se queda allí como una verruga en la piel de una rana.

He estado pensando en ranas últimamente. Nosotros vivimos cerca de una laguna, que tiene un coro descomunal de ranas verdes que cantan a voz en cuello. Alguien debió haberle echado esteroides al agua, porque estas ranas son enormes. El otro día Beanie encontró una muerta y la enterró en el patio trasero. En vez de descomponerse como debería, esa cosa horrible pareció haberse petrificado. Beanie sigue sacándola y enterrándola una y otra vez. Me está volviendo loca.

Así es mi desafío relacional. Justo cuando pienso que lo que está causando el dolor finalmente está muerto y enterrado, alguien lo saca. Cuando estoy teniendo un buen día, sé que Dios me lo ha dado con el propósito de pulirme, de enseñarme a cómo ser humilde y de quebrantarme donde aún necesito ser quebrantada. Me mantiene de puntillas y de rodillas al mismo tiempo. Cuando estoy teniendo un mal día, como Proverbios 13.12 dice: «La esperanza frustrada aflige al corazón».

A primera vista, podremos ser tentadas a pensar que un pozo de desesperación no es un pozo de pecado, pero la desesperación no es solo tristeza. Es estar sin esperanzas. Los que tenemos a Cristo poseemos la esencia, nos convertimos en la personificación de la esperanza (vea Romanos 15.13). Desesperación significa que hemos creído el reporte del malvado en vez del de Dios.

Como decía mi abuela, a veces necesitamos darnos un buen sermón a nosotras mismas. Necesitamos hablarnos directo al alma donde reside el problema y decirnos algo como esto:

¿Por qué voy a inquietarme?
¿Por qué me voy a angustiar?
En Dios pondré mi esperanza
y todavía lo alabaré.
¡Él es mi Salvador y mi Dios!
(SALMOS 42.5)

Si no ponemos nuestra esperanza en Dios, podemos convencernos y llevarnos a nosotras mismas directamente a un pozo. En los últimos veinte años de ministerio, mis oídos han tenido conocimiento de al menos mil viajes al pozo. Tan horrible como puede ser que alguien la eche en un pozo, la gente nunca parece estar más frustrada y desatada como cuando su deslizamiento en el pozo fue causado por su propia ignorancia e insensatez. En medio de las consecuencias agonizantes, se angustia por lo que pudo haber evitado. ¡Muchacha, cómo conozco yo ese sentimiento!

Para ayudarle a guiar sus pensamientos en la dirección correcta, le voy a dar un puñado de ejemplos de las formas en que usted puede deslizarse en un pozo. Tenga en mente que una persona no tiene que irse a los siguientes extremos para quedar en un pozo. Recuerde que todo lo que un pozo requiere es que usted se sienta estancada, que sienta que no se puede enfrentar efectivamente a su enemigo, y que su visión vaya disminuyendo lentamente. Fíjese si uno de los ejemplos a continuación se parece al de usted:

- Solo quería controlar su peso. Definitivamente no era su intención quedar con un trastorno alimenticio. Todavía nadie lo sabe. O al menos eso es lo que usted cree. También espera que pueda parar cuando piense que está lo suficientemente delgada.
- Usted solo quería pedir prestado el dinero y pagar cada centavo que debía. El interés estaba alto, pero usted estaba prosperando. Usted nunca tuvo la intención de quedarse con una montaña de deudas que la echarían a la bancarrota.
- Usted solo necesitaba aliviarse del dolor de espalda que tenía para poder trabajar. Para poder disfrutar de su familia otra vez. No fue su intención quedar con una adicción a los analgésicos.
- Pensó que finalmente se había encontrado una buena amiga. Su alma gemela. Lo último que hubiera pensado era desarrollar una relación lesbiana. No se le había ocurrido eso para nada.
- El deseo más sincero de su corazón era el de ministrarle a esa persona. No estaba buscando el enredo más grande de su vida. ¿Cómo se sale de eso ahora? Sabe que no es saludable, pero detesta mucho herir a esa persona. Después de todo, por un tiempo le funcionó a usted tanto como le funcionó a ella. Ahora la está sofocando.
- Usted solo estaba haciendo negocios. Digo, en el mundo allá fuera hay una competencia brutal y sucede que a usted eso no le molesta. Claro que

sabía que el acuerdo estaba un poco «dudoso», pero lo consideró como una financiación creativa. Definitivamente nunca fue su intención comparecer en el estrado tratando de evitar ir a la cárcel.

- Su intención fue tener un romance maravilloso. Después de todo, usted había esperado tanto tiempo mientras veía a muchas otras personas enamorarse. Era su turno. Quería un futuro con él. No fue su intención meterse en la cama con él y ahora parece que no se puede salir.
- Su intención solo era ayudar a su hijo adolescente a salirse de unos cuantos problemas. Él se veía tan arrepentido cada vez, tan sincero de nunca más hacer algo así. Todo el mundo necesita segundas y terceras oportunidades. No le dijo al papá porque su hijo le rogó que no lo hiciera. Ahora, él está en un tremendo lío... y usted tiene ese mal presentimiento en su alma de que usted ayudó a su hijo a que se metiera en él.
- Su intención fue solo coquetear. Parecía ser inofensivo. Él se veía felizmente casado y usted también lo estaba. Todo era una diversión, así pensó usted. Ahora está en el enredo más grande de su vida.
- Su intención solo era tener un poco de privacidad. Ya había compartido suficientes cuartos y apartamentos. Usted quería estudiar. Quería oírse pensar. Nunca se imaginó que estando sola la iba a dejar sintiéndose lo suficientemente solitaria como para buscar compañía a través de la Internet.

Ahora ha llegado a un lugar donde no tenía la intención de ir, y al parecer no puede parar.

De las tres formas de meterse en un pozo, pienso que la que detesto más es cuando una se mete sola en él. Detesto lo tonta que una se ve.

Detesto también ver cómo el enemigo usa la culpabilidad en cuanto a cómo una se metió en un pozo para así atraparla y hacerle creer que nunca va a poder salir de allí.

Escúcheme claramente: Usted no puede dejar que él se salga con la suya. Póngase en la mente ahora mismo que quedarse en el pozo es absolutamente inaceptable. No lo tenga como una opción. No importa cuán responsable y culpable se sienta por haberse resbalado adentro, Dios quiere que salga. Si conoce a Cristo personalmente, usted no está atrapada. Usted tiene el poder para enfrentar a su enemigo.

Dios todavía tiene una visión para usted. La intención total que tiene Dios para usted es que viva efectiva (vea Juan 15.8) y abundantemente (vea Juan 10.10). Él la ama mucho, y el hecho de que usted haya cometido torpezas no disminuye su amor ni una onza.

Esta vez, en lugar de darse un sermón, use su boca para hablarle a Dios. Diga las mismas palabras que dijo el salmista cuando exclamó:

No bien decía: «Mis pies resbalan»,
cuando ya tu amor, Señor, *venía en*
mi ayuda.

Cuando en mí la angustia iba en aumento,
tu consuelo llenaba mi alma de
alegría.
(Salmos 94.18)

Si usted no empapa su cerebro con la verdad de que está absolutamente segura en el amor inalterable de Dios, nunca se va a sentir que tiene el derecho de salir del pozo. Satanás la mantendrá en terreno resbaladizo. Cuando quiera salirse del pozo, tendrá una excelente oportunidad para ver la gracia de Dios como nunca la ha visto. Deje que la bondad de Dios la sostenga y pídale a Él que haga que sus consuelos sean su deleite.

En algunos de los próximos capítulos vamos a ser más específicos en cuanto a cómo salirse del pozo, pero por ahora quiero que usted se concentre en un regalo que puede sacar cuando salga. Piense en él como un premio Su saqueo del pozo.

En cada uno de los escenarios que mencioné anteriormente, Satanás usó la ignorancia para hacer que la persona se acercara lo suficiente a la boca del pozo como para resbalar y caer en él. Uno de los regalos más invalorables que podemos sacar de nuestro pozo es un nuevo conocimiento. Dicho de manera sencilla, podemos ser mucho más inteligentes al salir que cuando entramos. Ya no somos inocentes, pero tenemos la oportunidad ante nosotras para cambiar nuestra inocencia por integridad. Si estamos dispuestas, podemos salir del pozo conociendo la agenda de Satanás.

También podemos sacarle los trapos sucios a él con cualquiera que nos quiera escuchar. Eso es lo que estoy tratando de hacer. Cuando las Escrituras hablan acerca de las conspiraciones del diablo, hablan de un programa muy artificioso basado en un plan ejecutado paso a paso (vea Efesios 6.10-12). Aunque él confeccione los detalles para que estén de acuerdo con las debilidades individuales, creo que el plan básico de Satanás se mantiene invariable.

Distracción → Adicción → Destrucción

La meta definitiva de Satanás es cosechar destrucción, pero rara vez es ese su punto de partida. Las Escrituras tienen un nombre para una pequeña distracción que se convierte en una gran distracción. Se llama: *fortaleza*. Las Escrituras la definen como «toda altivez que se levanta contra el conocimiento de Dios» (2 Corintios 10.5). Todo lo que se convierta en una preocupación más grande en su mente que la verdad y el conocimiento de Dios es una fortaleza. En otras palabras, si tengo una relación en la cual ya no puedo priorizar a Cristo y a su Palabra, Satanás está tratando de construir una fortaleza. Si controlar lo que como ya no es un medio para mejorar la salud, y en lugar de eso se ha convertido en una gran preocupación, Satanás está tratando de construir una fortaleza. Si una relación con alguien del mismo sexo está tomando una dimensión de celos usualmente limitada a un romance entre un hombre y una mujer, Satanás está tratando de construir una fortaleza.

¿Ve lo que le quiero decir? Él no tiene ninguna intención de permitir que el nuevo enfoque permanezca como una simple distracción. El siguiente paso es la adicción. Una adicción es una forma muy efectiva de hacer que algo que usted tiene (un problema inducido por el pecado) se transforme en el lugar donde usted vive (un pozo inducido por el pecado). La derrota se convierte en un estilo de vida. En Efesios 4.18-19, el apóstol Pablo les dio una advertencia fuerte a los creyentes a que ya no fueran como aquellos que «a causa de la ignorancia que los domina y por la dureza de su corazón, estos tienen oscurecido el entendimiento y están alejados de la vida que proviene de Dios. Han perdido toda vergüenza, se han entregado a la inmoralidad, y no se sacian de cometer toda clase de actos indecentes».

Lo que es cierto en el campo de la sensualidad es equivalentemente cierto en todas las otras áreas de un pecado repetitivo. Pronto, el nivel de satisfacción perderá su sensitividad. Y necesitaremos más. Y luego un poquito más. Al hacer eso, quedamos envueltos en un ciclo furioso de lujuria continua. Eso, mi amiga, es una adicción.

Mire las Escrituras nuevamente, porque no quiero que pierda de vista el hecho que todo comenzó con la ignorancia. Aún las personas descritas en este versículo, tan rebeldes como pudieron haber sido, se metieron a un pozo que fue más allá de su intención original.

Una persona puede ser adicta a sustancias, comportamientos y a relaciones. (Muchas de nosotras hemos aprendido muy dolorosamente que las adicciones emocionales pueden ser tan abrumadoras como las adicciones físicas.) Pero recuerda que la adicción no es la meta de Satanás. La destrucción, sí. Él quiere destruir nuestras vidas, nuestros llamados, nuestro sentido de importancia ante Dios, nuestra intimidad personal con Él y todas las relaciones que son importantes para nosotros. Si usted le pertenece a Cristo, Satanás no *la* puede destruir. Lo más que Él puede hacer es convencerla de que está destruida.

No, amada, usted no lo está. No importa lo que haya pasado. No importa cuán lejos haya ido. Avívese. El enemigo le está mintiendo.

Para estar consciente del plan progresivo de Satanás, tenemos que discernir las señales tempranas de advertencia de una distracción peligrosa y estar vigilantes. Mire otra vez la lista de los escenarios de pozos resbaladizos que le di anteriormente y verás que muchos empezaron inocentemente. Por ejemplo, tome los primeros cinco. Controlar su peso no es un pecado. Conseguir un préstamo no es un pecado. Buscar alivio de un dolor físico crónico que le está robando la calidad de vida no es un pecado. Tampoco es un pecado hacer buenas amistades. ¿Y puede haber algo que Cristo más desee que ministremos a otros? En algún momento en cada uno de estos casos, Satanás sacó provecho de un área de ignorancia y desvió algo saludable hacia una zanja profunda.

Mi hija Amanda tuvo una buena amiga en la universidad a la cual yo quiero tanto como la quiere ella. Michelle no solo ama a Dios con todo su corazón, sino que puede hacerle bromas buenas y limpias como nadie que yo he conocido. Cuando estaba en la universidad en Texas seis años atrás, ella vivía con unas amigas en un apartamento no muy lejos de otras cuatro compañeras. Le pareció que la credulidad de estas vecinas era tan encantadora, que ella y sus compañeras hicieron un plan. Empezaron sacándoles cosas pequeñas del apartamento. Adornitos, floreros pequeños y cosas así. Tal y como lo esperaban, ellas no lo notaron. Pronto pasaron a cosas mejores y más grandes: fotos, arreglos florales, etcétera. Nuevamente, ni una sola palabra. Ay, la diversión había empezado. Un día les sacaron un cuadro de la pared. Michelle se ríe de oreja a oreja cuando se acuerda haber salido con una de las sillas de su cuarto de desayuno cuando aún estaban allí. Las víctimas nunca dijeron ni una palabra.

Emocionadas por la victoria, Michelle y sus compañeras de cuarto pronto invitaron a sus vecinas a que vinieran a comer con ellas. La decoración estaba arreglada para que ellas se sintieran como en casa. Cada adornito estaba allí. Cada cuadro estaba a la vista. El arreglo floral estaba en la mesa. ¿Y al final de la mesa? Ah, sí, la silla.

¡Ay, el gozo de la victoria! Nos reímos hasta decir basta cuando Michelle describió las caras que pusieron sus amigas cuando se prendió la luz. Sus ojos iban de una cosa a la otra, como la bola de acero de la máquina de flíper. Se miraron las unas a las otras y luego a sus anfitrionas, y dijeron, enojadas: «¡Oye, eso es mío!»

Esto debe ser encantador. Hasta que alguien que la odie se lo haga. Alguien siniestro. Alguien que lo hace para ganarse la vida. Usted y yo tenemos que estar vigilando las artimañas del enemigo cuando él nos quite el primer adornito. Necesitamos discernir desesperadamente cuando nuestras almas reciban el primer golpe y hacer un ajuste de inmediato. Por ejemplo, cuando usted se da cuenta de que una relación que acaba de empezar va a ser peligrosa y destructiva, se puede salir antes de que se hagan más cercanas. O si se da cuenta de que su trabajo la pone en una posición virtualmente indetectable para usar el dinero, y ahora mismo está en una situación financieramente vulnerable, establezca salvaguardas y automáticamente sea responsable ante alguien. Viva en la luz. No practique inocencia solamente. Practique integridad.

La última cosa que Dios quiere es que usted y yo vivamos en temor. Indudablemente «el que está en ustedes [el Espíritu Santo] es más poderoso que el que está en el mundo [Satanás]» (1 Juan 4.4). No queremos temer pero debemos estar alertas. Si está en Cristo, usted tiene un sistema de alarma por dentro. Como el marcapasos de mi amiga, Vicky, que un día le sonó la alarma por dentro cuando se agotaba la batería. El Espíritu Santo en nosotros, si no lo apagamos, Él nos dirá de antemano cuando empecemos a encaminarnos hacia un problema. Él también nos dirá si debemos ser cautelosos exactamente donde estamos o si debemos alejarnos por completo de allí.

Quizá la parte más difícil sea que no siempre va a entender por qué está sonando, por qué Dios le está dirigiendo a que salga de la situación o de la relación. Cuando esto suceda, ¡cuídese de no racionalizarse a sí misma hasta meterse en un pozo! Esté al tanto de lo que el Espíritu Santo le esté diciendo aún cuando no sepa por qué. Quizá continúe viviendo por años sin un claro entendimiento, pero puede alabar a Dios por fe, sabiendo que él hizo que virara su auto hacia una dirección diferente para protegerla de alguna clase de zanja.

Otra forma en la cual puede reconocer que Satanás está trabajando es que se empieza a sentir acorralada en una esquina. Si una nueva relación u oportunidad está causando que se sienta atrapada o acorralada en una esquina, puede que Dios le esté avisando que Satanás está allí. Dios nos dice qué hacer y qué no hacer, pero siempre en pos de la libertad. Salmos 18.36 dice lo siguiente acerca de nuestro Dios: «Me has despejado el camino, así que mis tobillos no flaquean». Satanás nos acorrala en una esquina en terreno resbaladizo, estratégicamente cerca del pozo más cercano. Dios hace que nuestros pasos sean más grandes, haciendo posible que podamos ver un pozo desde una distancia mayor, para que así no tengamos que vivir en el constante temor de caer en otro.

Cuando mi hija Melissa estaba en su último año de la secundaria, Satanás conspiró en contra de ella y la guió hacia un pozo. Ella estaba delgada y medía una preciosa talla seis antes de que una serie de incidentes tristes le provocaran una profunda tristeza. Perdió el apetito y bajó a una talla dos. En un momento hasta pudo usar una talla cero. Que conste, ella medía un metro setenta y dos centímetros. (A propósito, mientras más delgada se ponía, más aprobación recibía de sus compañeros.)

La pesadilla no empezó con un problema relacionado con la comida, pero terminó siéndolo. Keith y yo estábamos aterrorizados. De más está decir que buscamos a Dios con todo lo que teníamos. Recibimos buenos consejos, le aplicamos las Escrituras y luchamos ferozmente con el enemigo. Estoy tan agradecida que Satanás no la llevó cerca de la meta a la que él había planeado llevarla. Después de unos cuantos meses espantosos, llegó a un punto en que quería salirse de ese pozo. Así es que clamó a su Dios sin cesar, y Él vino a su rescate. Melissa salió de ese pozo con un regalo. Ella no podía dejar de leer la Palabra de Dios. Su boleto de partida quedó siendo su deleite. Las Escrituras que para algunas personas parecen ser tan viejas y familiares como una bata de baño que se usó demasiado, para Melissa adquirieron nueva vida.

Un día me llamó por el celular y me dijo: «¿Estás lista para esto?» Me sonreí, me eché hacia atrás en la silla y le contesté: «Dale».

«Mamá, ¿sabías que Dios dispone ante mí un banquete en presencia de mis enemigos?» Era obvio que la nueva pasión que encontró la había llevado al salmo 23. «Y oye esto», rebosaba de emoción, «¡Él obliga a mi enemigo a estar presente y ser testigo cuando unje mi cabeza con aceite!» El enemigo había conseguido esa bendición para Melissa. Y ella estaba emocionada con la perspectiva de ser ungida con aceite enfrente de él.

Amada, escuche un minuto. Dios dispone también un banquete para usted en presencia de su enemigo. ¿Y sabe qué? El lugar puede estar decorado con cada adornito, jarro, arreglo floral y fotos que Satanás le haya robado. Siéntese en esa silla, aquella que él se llevó ante sus propios ojos. Y no se levante mientras Dios no la unja con una abundancia del Espíritu Santo, ese Espíritu que solo viene a aquellos que lo ansían profundamente. Y lo hará enfrente de su enemigo.

Véalo de esta forma: El hecho de que usted esté leyendo este libro, o cualquier cosa como esta, revela que Satanás no logró llevarla cerca del lugar que él había planeado. Cuando se deslizó en ese pozo, usted entró a un lugar al cual no tenía la intención de ir. Ahora va a ir a un lugar donde *Satanás* nunca tuvo la intención de llevarla. No pare hasta que el enemigo se arrepienta de haberse metido con usted.

4

Cuando salta a un pozo

Usted puede saltar a él. Esa es la tercera y última forma en que puede quedar dentro de un pozo. Antes de saltar, usted puede estar muy consciente de que lo que está a punto de hacer es malo, hasta probablemente insensato. Pero por cualquier motivo, el deseo de querer hacerlo excede el buen sentido de no hacerlo, y luego hizo exactamente lo que tuvo la intención de hacer.No empiece a retorcerse y a pensar que le voy a hablar en un tono condescendiente— créame, yo he saltado en unos cuantos pozos —pero me gustaría pedirle permiso para hacerlo de una forma directa. Si no le digo las cosas como realmente son, usted va a dejar de escuchar lo que tengo que decirle, así como ha dejado de escuchar a muchos otros que le han dicho lo mismo, pero a quienes ignoró. Yo sé como es eso.

Voy a tratar un método diferente. Si no me importara, me ahorraría el tiempo. Después de todo, por naturaleza soy una persona que le gusta satisfacer a la gente. La cosa es que ahora sé qué fue lo que necesitaba en mis propios tiempos cuando andaba saltando de pozo en pozo, y pocas personas en mi vida tuvieron el valor de darlo. Y también da la casualidad que sé que si saltar en un pozo es su *modus operandi*, usted probablemente es lo suficientemente cínica como para no respetarme si no le digo las cosas tal y como son.

De hecho (y recuerde, todavía estoy hablándole directamente, no con aires de superioridad), si ya se ha confirmado que usted es una saltadora de pozos, probablemente tenga un problema muy serio de autoridad. Perdone mi sicología no profesional, pero pienso que su figura de autoridad primordial era o es un pelele o un fraude. Dios no es ninguno de los dos. Él sabe qué necesita hacer para que usted preste atención, y está dispuesto a hacerlo. Créame. Yo sé esto por experiencia propia. También sé los juegos que jugamos los unos con los otros al ofrecer excusas por nuestras enormes inconsistencias. Especialmente nosotras las que siempre vamos a la iglesia. Así que, si no le molesta, vamos a ahorrarnos el decoro inútil y voy a ir directo al punto.

Cuando ya todo está dicho y hecho, usted, como yo, probablemente hace lo que hace porque quiere. Y va saltando de pozo en pozo porque le gusta. Se ve bien. Se siente bien. O sabe bien. La cosa es que no dura lo suficiente, y es por eso que regresamos y emprendemos el otro viaje.

Quédese conmigo, querida. Seguro que sabe que se necesita una para conocer a otra. La única razón por la que no me quedé en el pozo es porque, después de muchas advertencias, Dios me lanzó tantas consecuencias devastadoras del pecado y de las emociones enfermizas que casi me mata. De hecho, sí mató lo que yo era antes. Como dice Job 33.29-30:

> *Todo esto Dios lo hace*
> *una, dos y hasta tres veces,*

para salvarnos de la muerte,
para que la luz de la vida nos
alumbre.

Dios me trajo a un lugar donde yo estaba dispuesta a hacer cualquier cosa para salirme del pozo y para que todo se quedara por fuera. Salirme del lodo y del fango, y poner mis pies sobre la roca pasó a ser lo que yo quería más que nada en este mundo. Si usted tiene la misma tendencia a ir saltando de pozo en pozo, deseo más que nada convencerla para que clame a gritos por su liberación antes de que llegue al punto al que yo llegué. Antes de que su mundo, como usted lo conoce, se derrumbe. Alabado sea Dios, Él es el que reconstruye las ruinas, pero seguramente hay maneras más fáciles de conseguir una casa nueva que dejar que un tornado emocional rompa en pedazos la casa vieja.

¿Qué me diría si un tornado doméstico no tuviese que resoplar y derribar su casa para conseguir su atención? ¿Y si, antes de que la parte de abajo se cayera, usted tuviera que responder a una voz en el desierto diciéndole: «¡Pare eso!» (Vea Isaías 1.16) ¿Y qué si esa misma voz, la única que importa, estuviera dispuesta a decirle cómo parar? Si estuviésemos dispuestos a dejar que sucediera, lo haría. Dios en su entrañable misericordia nos da muchas advertencias haciendo posible que evitemos pozos, pero el problema con nosotros los saltadores de pozos es que no queremos escuchar esas advertencias. Queremos lo que queremos. Así que nos metemos los dedos en los oídos antes de saltar.

¿Qué es lo que nos impulsa a hacer cosas como esa? De todas las formas de meterse en un pozo, saltar en él es la más grave y peligrosa, ¡ay, si tuviese una palabra más fuerte! llena de *consecuencias*. Verá, para Dios el motivo es muy importante. Y el carácter también lo es. Primordialmente, su carácter, para emular para lo que fuimos creados. Y Él no puede ser burlado. La misma parte de las Escrituras donde nos dice que Dios no puede ser burlado, está estratégicamente centrado en el contexto de cosechar lo que se ha sembrado (Gálatas 6.7-9). No podemos engañarle escondiendo nuestros motivos internos. Dios mira atentamente no solo lo que hicimos, sino cómo lo hicimos, pero también *por qué* lo hicimos. 1 Crónicas 28.9 dice: «... el Señor escudriña todo corazón y discierne todo pensamiento».

¿Quiere escuchar algo irónico? Este mismo aspecto de Dios (su omnisciencia) que ayuda a salvar nuestros pescuezos escuálidos cuando nos hemos resbalado en un pozo, casi nos ahorca cuando saltamos a él. Si usted alguna vez ha saltado, realmente no tengo que decirle que tenía sus razones. Lo hizo por algo que usted quería. Solo voy a dar unas cuantas razones comunes para que sirvan como medida. Tal vez usted pueda encontrar la suya en alguna parte de la lista. Una saltadora de pozos...

- Quería robar dinero
- Quería irse a la cama con esa persona
- Quería vengarse

- Se metió en esa relación sabiendo muy bien que esa persona no era creyente... o tenía un lado oscuro.
- Quería emborracharse totalmente. Elevarse más alto que una cometa. Y bajar más bajo que la barriga de una culebra.

Ya ve lo que quiero decir. Salmos 19.13 le da unos cuantos nombres a esto de saltar en pozos. Enfrentando su propia tendencia a hacerlo, el salmista le rogó a Dios:

Libra, además, a tu siervo de pecar a
sabiendas;
no permitas que tales pecados me
dominen.
Así estaré libre de culpa
y de multiplicar mis pecados.

Pecar a sabiendas. Rebelión descarada. Los dos están unidos como un pájaro y una pluma. Innato en cada acto de rebelión está una figura de autoridad a la cual nos estamos rebelando.

Usted y yo nunca vamos a poder someternos a autoridad perfectamente mientras nuestros pies de barro. Pero no deje que nadie, particularmente alguien que llegue promocionando una doctrina torcida de gracia, trate de convencerla para que piense que no puede ser liberada de pecar a sabiendas y de rebelión descarada, solo porque él o ella no lo han sido. Yo sé de hecho que usted puede ser completamente liberada de todo pecado que la domina. Entonces y solo entonces vamos a poseer, usted y yo, la clase de inocencia que es posible para los seres humanos que aún están respirando aire terrestre.

Para llegar allí no solo necesitamos arrepentimiento profundo (en esencia, un cambio de opinión con resultado de cambio de dirección), necesitamos sanidad hasta la médula, o sencillamente regresaremos a ser lo que éramos. Recientemente, mientras leía un comentario sobre Santiago 1.13-15 tropecé con el nombre de nuestro problema. Antes de meternos en ese nombre, no nos haría daño leer las Escrituras, así que voy a empezar allí:

> Que nadie, al ser tentado, diga: «Es Dios quien me tienta». Porque Dios no puede ser tentado por el mal, ni tampoco tienta él a nadie. Todo lo contrario, cada uno es tentado cuando sus propios malos deseos lo arrastran y seducen. Luego, cuando el deseo ha concebido, engendra el pecado; y el pecado, una vez que ha sido consumado, da a luz la muerte.

La palabra original en griego para «malos deseos» es *epithumia*. En realidad, la palabra es neutral y puede ser usada tanto para buenos deseos como para deseos malos. El contexto, como en Santiago 1.14, determina si el deseo es malo o no. Aquí está la parte interesante: el *New American Commentary* lo define en esta parte de las Escrituras como un «deseo deformado».[1]

Eso es lo que yo tenía. Un deseo deformado. En mis propios saltos a pozos (lo contrario de deslizarse en los pozos), a menudo quedo haciendo exactamente lo que me propuse… lo que en ese momento o en esa temporada pensé que *quería* hacer. Tal vez como usted, yo deseaba no haber querido las cosas que hice. A menudo detestaba lo que yo quería. Y aún el deseo, deformado y destructivo, me daba una sacudida y me guiaba.

Uno de los más importantes cambios de mi forma de pensar empezó cuando me di cuenta que tenía un «querer» que estaba patas para arriba. Mis deseos no eran saludables en lo absoluto. Eran autodestructivos.Yo no soy la única. Tengo una buena amiga que gentilmente me invitó a entrar en su mente angustiosa y autodestructiva. Después de pasar noventa días en la cárcel por manejar embriagada, me dijo que todo el tiempo en que había estado allí, no había pensado en otra cosa que salir y tomarse un trago. Su razonamiento fue que la única cosa que tenía que hacer diferente quizás era el no manejar.

Después que salió se embriagó tanto que no pudo mantener sus citas con el asistente social que se ocupa de las personas en libertad condicional, así es que de nuevo quedó detrás de las rejas. Por tercera vez, y ahora por seis meses. ¿Unos cuantos días después de salir? La misma cosa.

En vista de todo lo que había perdido: trabajo, matrimonio, hijos, autoestima, me desconcertaba que cuando recuperaba la libertad hiciera la misma cosa otra vez. Le pregunté por qué lo había hecho. ¿No había tenido tiempo de apaciguar la incesante exigencia de sus órganos internos?

Su respuesta fue: «Porque yo quería. Beth. No creo que haya estado escuchando. Yo quería tomar. Me gustaba cómo me hacía sentir».

O cómo la hacía *no* sentir.

El deseo de *no* desear es uno de los deseos más deformados que tendremos. Uno de los más grandes errores que podríamos hacer es suponer que el deseo apasionado es malo, y que la meta para la gente cristiana es no sentir. Nada puede estar más lejos de la verdad. Fuimos creados de una pasión santa *para* una pasión santa. Somos tan perfectamente capacitados para la pasión que la vamos a encontrar de una u otra manera. Si no la encontramos en Cristo, la encontraremos en cosas como la lujuria, la ira, la furia y la codicia.

Nunca menosprecie el poder del deseo. Aunque hacer lo que necesita hacer es el lugar dónde empezar, nunca lo va a lograr a largo plazo motivada solo por la necesidad.

Tal vez el más disciplinado de nosotros logre caminar en victoria por unas cuantas semanas por la necesidad de hacer lo correcto, pero raramente nos llevará a la línea final. En última instancia, cada uno de nosotros hará lo que quiere hacer.

¿Es acaso sorprendente que las primeras palabras de Cristo que se documentan en el incomparable libro de Juan hayan sido: «¿Qué es lo que quieres?» Ahora, oiga el eco de esas mismas palabras dichas a usted hoy: «Hija mía, ¿qué quieres?» ¿Cuáles son sus deseos secretos? Póngalos delante de él. Dígale cada uno de ellos. No importa cuán respetables o deformes sean. Yo soy la prueba de que Dios puede sanar incluso a quien llegue a tener el más desastroso «querer».

En los años recientes, ningún otro versículo ha significado más para mí que Salmos 40.8: «Me agrada, Dios mío, hacer tu voluntad; tu ley la llevo dentro de mí».

Todavía no puedo comprender que pueda decir esas palabras y con todo mi corazón después de todo lo que he pasado. Dios sanó mis deseos deformados, convenciéndome finalmente que las cosas que Él quería para mí eran las mejores cosas que la vida podía ofrecer. Usando el martillo de su Palabra y el yunque de su amor inquebrantable, Dios moldeó nuevamente mis deseos desfigurados hasta que lo que yo quería más que nada en esta Tierra era lo que Él quería. En algún momento, la «ley» de Dios se transfirió de las placas de piedra de mi cabeza al suave tejido de mi corazón. Lo acepté, no solo espiritual sino emocionalmente. Al fin, Jesús se había ganado mi corazón. Y no solo el mío. ¿Se acuerda de la buena amiga de la cual le hablé, que quería ese próximo trago sin importarle las consecuencias? Nunca he conocido a nadie que estuviese más en cautiverio que ella. Cristo finalmente la convenció, se ganó su corazón, y le cambió sus deseos. Ella es un milagro. Yo soy un milagro. Si Él nos pudo liberar a las dos, Él puede liberar a cualquiera.

Mucha de nuestra propensión a saltar en los pozos emana del hecho de que en algún lado muy dentro de nosotros, realmente no confiamos en Dios. Pensamos que Él es como todos los demás que nos han engañado o traicionado. Como mi amigo Chris Thom dice: «Dios no es simplemente un gran nosotros». Como Adán y

Eva, dejamos que nuestro enemigo nos incite a creer que Dios nos está ocultando cosas. Nuestro impulso hacia la consabida fruta prohibida es nuestra creencia innata de que se nos niega exactamente lo que más queremos.

Satanás fue un mentiroso en ese entonces, y es un mentiroso ahora.

Dios no solo dice que no porque le hace a Él sentirse bien consigo mismo. Dios se siente bien consigo mismo. Él no necesita que nos sintamos pequeños para que Él se sienta grande. Él es enorme. Él no tiene que ser mandón para sentirse como jefe. Él es el dueño del universo. Si Dios prohíbe algo, mientras más pronto creamos y confesemos que es para nuestro bien, mejor vamos a estar.

En la investigación que hice para este libro, aprendí que ciertas clases de relaciones y personas se convierten en pozos automáticos en el segundo en que nos atraemos íntimamente. Una relación que es tan tentadora para nosotros precisamente porque es prohibida, no es nada más que una puerta pintada decorativamente de un pozo grande y tenebroso.

Proverbios 23.27 dice que «fosa profunda es la prostituta, y estrecho pozo la mujer ajena». La versión de la Reina Valera usa una palabra mucho más fuerte que «prostituta», usa «ramera», que sugiere que el término no se limita a alguien a quien le pagan para tener sexo. Se refiere a cualquiera que se acuesta con otras personas y practica inmoralidad como un estilo regular de vida.

El verso es igualmente verdadero cuando se cambia el género. Un hombre que se acuesta con otras personas es una fosa profunda y el adúltero es un pozo estrecho. Si se mete con ellos, por así decirlo, se va a arrojar a las entrañas de la tierra con una fuerza tan meteórica que solo Dios la podrá sacar. No me importa qué tan halagadora sea la atención de alguien. Si él o ella es inmoral o está casado con otra persona, una relación íntima de cualquier clase con esa persona le va a arrastrar al pozo, no probablemente o eventualmente, sino automáticamente. ¿Tiempo estimado de llegada? De inmediato.

Basándome en todo lo que la Palabra de Dios dice y todo lo que yo he experimentado, oído, u observado, le prometo que las relaciones prohibidas nunca salen bien. Déjeme decirlo una vez más: *nunca*. El pozo es tan profundo y oscuro. Y antes de darse cuenta, verá que está en él completamente sola. Yo también he vivido lo suficiente y he escuchado lo suficientemente bien como para convencerme de que casi siempre estamos en lo correcto, no importa cómo no queramos ser, cuando tenemos un presentimiento en un lugar muy adentro, en cuanto a que esa persona con la cual nos estamos encariñando mucho tiene un lado oscuro. Ese es el Espíritu Santo que nos está advirtiendo. Aprenda a asociar la oscuridad con el pozo. Le digo todo esto por un amor profundo y por preocupación. Arrepiéntase y corra.

Saltar automáticamente a un pozo se extiende más allá de los asuntos de sexualidad. Las relaciones sexuales prohibidas sencillamente desencadenan algunas de las garantías bíblicas más prominentes de desastre. El contexto más amplio es cualquier cosa que Dios se tome la molestia de prohibir.

En realidad, Él es la clase de Dios que dice «sí» (vea 2 Corintios 1.20). Usted puede anotar esto en cualquier tiempo y todo el tiempo: El «no» de Dios es un empujón rápido para alejarnos del pozo. Mientras más rápido el empujón, mejor.

No empecé a vivir en victoria solo porque todas las oportunidades para saltar finalmente desaparecieron. Mientras yo todavía estaba en el mayor de los riesgos, Dios no me dejó, trabajó conmigo, y me dio confianza hasta que finalmente fui hacia donde Él me señalaba. Ese ha sido nuestro modus operandi por un rato, pero Él es sabio al no hacerme olvidar el dolor intenso de dónde yo estaba... a menos que sea tentada a regresar. Hasta que estemos noventa por ciento en la tumba, ninguno de nosotros estará fuera del peligro de un pozo.

Preste atención a las palabras que salieron de la boca del rey David inmediatamente después de prometerle a Dios que iba a llevar una vida sin tacha: «¿Cuándo me visitarás?» (Salmos 101.2) ¿Traducción? «No sé hasta cuándo voy a poder aguantar. ¿Vienes pronto? ¿Me matarás pronto?» ¿Podemos los saltadores de pozo identificarnos con él? A veces se nos meten en la cabeza impulsos carnales rápidos, pero una vez que hayamos dejado que Dios se gane nuestros corazones una gran ola de deseo santo puede venir y llevárselos como cuando una aguamala es arrastrada de la orilla.

Recientemente, en una conferencia, un grupo de mujeres me regaló una muñeca Barbie. No era la primera vez que me regalaban una muñeca. Yo creo que la broma empezó después que conté la historia de mi joven amiga, Savannah, que a menudo se sienta conmigo en mi iglesia. Ahora ya tiene once años, pero cuando tenía unos seis o siete, le encantaba traer sus muñecas Barbie a la iglesia. Me alegra decir que las vestía con sus trajes más modestos. Claro que hubo una vez cuando la falda de la muñeca estaba tan corta que le tuve que envolver un sobre de ofrendas alrededor de sus caderas. Eso me hizo acordar que la santificación es un proceso y que algunas muñecas Barbie necesitan tiempo extra para que se note el cambio. Yo era una de ellas.

Mientras que las muñecas Barbie de Savannah estuvieran en la iglesia, yo supuse que deberían participar en el tiempo de adoración, así que ella y poníamos enfrente de nosotras donde pudiesen dar la idea de formar parte del grupo de adoración o las apoyábamos contra la parte de atrás de la banca. De cualquier forma, siempre les levantábamos las manos. Como no podían abrir sus bocas y sus rodillas no se doblaban, pensamos que alzarles las manos sería nuestro único recurso. Los codos de las muñecas Barbie no se doblan como los nuestros, así que su alabanza era sumamente expresiva para una congregación tan conservadora como la nuestra.

Compartí la historia de las muñecas de Barbie le pareció divertida y el tema se popularizó. Desde entonces he estado recibiendo muñecas Barbie.

La muñeca Barbie más reciente estaba vestida como yo (a la moda, espero, pero modesta, ¡qué bueno!). Tenía una Biblia improvisada en una mano (parecía ser la versión Reina Valera), mientras que la otra mano estaba levantada hacia el cielo.

Esta muñeca se parecía tanto a mí que anuló a todas las demás. Quedó anulada incluso la discrepancia tan evidente de edad, algo que nadie quiso reconocer. Uno de los pies se veía roído desde la pantorrilla. El grupo se disculpó, explicándome que el perro de la familia de la dueña original se había apoderado de la muñeca el día antes que ellos se fueran. Aunque estaban muy desilusionados, decidieron que el resto de la muñeca estaba bien.

Por unos segundos me quedé mirando a la Barbie. Se veía tan rara al principio. Tan bien peinada, tan capacitada para el llamado, y sin embargo, tenía un pie mordido. Luego asentí. No a nadie en realidad. Solo a Dios. Bueno, quizá también a la Barbie. Aunque el grupo no lo sabía, le dieron directo a la cabeza del clavo, o tal vez a la pierna directamente en el muñón. Definitivamente que esa era yo.

No, no me falta una pierna, pero si usted me pudiese ver con sus ojos espirituales, de seguro que al menos una de mis piernas ha sido raída desde la rodilla. Efesios 4.27 advierte que: «ni den cabida al diablo». Ay, demasiado tarde. Satanás me ha herido, pero no me ha devorado. Me quitó la pantorrilla, pero nunca llegó al muslo, aunque Dios sabe que lo intentó. Tal vez esté cojeando espiritualmente, pero gracias a Dios, quien me sostiene y me urge a apoyarme en Él, al menos puedo caminar. Y usted también. Aléjese de ese pozo antes de que la mate.

Con cariño, Beth.

5

Cómo salir del pozo

Usted puede salir de allí. No importa si la han lanzado, si se ha deslizado, si se ha resbalado o si saltó adentro, usted puede salir de allí. Nosotros no necesitamos lidiar con nuestros pozos. Necesitamos salir de nuestros pozos. Usted lo puede hacer. Aún si tiene un historial de intentos que fallaron. Aunque piense que no se lo merece. Aunque no haya vivido en ningún otro lugar.

Pero aquí está el truco: Usted no puede salirse sola. Aunque trate, nunca tendrá éxito.¿Se acuerda de la primera característica de un pozo? Lodo y fango. El tipo de arena movediza que se traga su pie entero. Está atrapada. Por más que quiera, no puede hacer esto sola. Alguien más tiene que venir a su rescate. Puede optar por la ayuda de un ser humano o puede optar por la ayuda de Dios.

La intención de Dios ha sido que las personas se ofrezcan la mano mutuamente. El problema viene cuando optamos porque nuestro liberador sea un ser igualmente humano. Aunque parezca raro, otra persona sí puede sacarnos de un pozo pero aunque trate, no nos puede liberar.

Tomemos, por ejemplo, el caso de José. Mientras él estaba gritando y pataleando en el fondo del pozo sin agua, sus hermanos almorzaban tranquilamente; hasta que divisaron una caravana de ismaelitas que venía de Galaad. Sus camellos estaban cargados de perfumes, bálsamo y mirra, que llevaban a Egipto. Entonces Judá les propuso a sus hermanos: «¿Qué ganamos con matar a nuestro hermano y ocultar su muerte? En vez de eliminarlo, vendámoslo a los ismaelitas; al fin de cuentas, es nuestro propio hermano». Sus hermanos estuvieron de acuerdo con él, así que cuando los mercaderes madianitas se acercaron, sacaron a José de la cisterna y se lo vendieron a los ismaelitas por veinte monedas de plata. Fue así como se llevaron a José a Egipto (Génesis 37.25-28).

De acuerdo. Ser vendido como esclavo fue una mejor opción que dejar que muriera de hambre en el fondo de una cisterna. Pero cualquiera le daría mucho crédito a los hermanos por la compasión que tuvieron de él a no ser por Salmos 105.18 que dice que los ismaelitas «le sujetaron los pies con grilletes, entre hierros le aprisionaron el cuello».

Recuerde que José solo tenía diecisiete años. Y que también era consentido y mimado. Posiblemente ni su cama la tendía por las mañanas. Y de repente, se veía convertido en un esclavo encadenado, yendo quién sabe a dónde.

Las Escrituras no dejan ni una duda de que la soberanía de Dios estaba balanceando el péndulo, dirigiendo cada detalle desde Canaán hasta Egipto para el bien común. Sin embargo, pasaron años sin que José empezara a captar el trabajo de este verdadero liberador. En nuestro paralelo relacional, si alguien nos saca del pozo, asumiendo el rol de liberador, casi siempre y hasta sin darse cuenta, nos venderá a un tipo u otro de esclavitud.

Israel se vio buscando ayuda apresuradamente al enfrentar la inminente toma del poder por parte del ejército asirio. Con un pestañar de su ojo santo Dios pudo haber desbaratado el asalto, pero se contuvo, esperando el llanto de arrepentimiento. Mas de la gente dice, pero ustedes no lo quieren reconocer. (Isaías 30.15)

En vez de humillarse y hacer lo que se requiere para alcanzar verdadera protección y restauración, Israel prefirió llamar a los egipcios para que lo protegiera. Ellos pusieron una capa de barniz sobre su pasado y decidieron que al fin y al cabo Egipto no era tan malo, especialmente si se lo comparaba con los asirios. Isaías 30 registra la respuesta de Dios:

Ay de los hijos rebeldes
que ejecutan planes que no son míos,
que hacen alianzas contrarias a mi Espíritu,
que amontonan pecado sobre pecado,
que bajan a Egipto sin consultarme,
que se acogen a la protección de Faraón,
y se refugian bajo la sombra de Egipto.
¡La protección de Faraón será su vergüenza!
¡El refugiarse bajo la sombra de Egipto, su humillación!...

> *todos quedarán avergonzados*
> *por culpa de un pueblo que les resulta*
> *inútil.*
>
> (VV. 1-3 Y 5)

Los israelitas no necesitaban a Egipto. Necesitaban a Dios. En sus mejores momentos, el hombre puede ser sensacional, pero en el papel de Dios es un inútil. El trabajo es demasiado grande para él.

La liberación efectiva también toma la habilidad de leer la mente de la gente, porque lo que decimos, a menudo no concuerda con lo que somos. Solo Dios puede permanecer con nosotros a través de la duración y la profundidad de nuestra necesidad; y la duración y la profundidad de nuestra tontería. Si me di cuenta o no, usualmente encontré una manera de enmarcar mi pozo para que me hiciera ver como una víctima. Dios no solo es omnisciente, su Palabra es «más cortante que cualquier espada de dos filos», cortando nuestra tontería tan delgada que puede ver a través de ella. Él sabe cuando estamos engañando a otros. Él sabe cuando nos estamos engañando a nosotros mismos.

Y aun sabiendo todo lo que somos y todo lo que escondemos, Dios se desborda en amor y en disposición de liberarnos. Aún después que Israel buscó la ayuda de los egipcios, invitando el castigo de Dios, Isaías testificó: «Por eso el SEÑOR los espera, para tenerles piedad; se levanta para mostrarles compasión» (30.18).

Los espera para tenerles piedad. Me gusta como suena eso. También se nos dice repetidamente que «su amor permanece para siempre», lo que significa que Dios tiene piedad por un *largo* tiempo. Eso es lo que tienen que tener los que ya no son residentes de pozos, como yo. Necesitamos un Liberador que permanezca con nosotros a todo lo largo del recorrido. Filipenses 1.6 nos dice que Dios, quien comenzó tan buena obra, es fiel para completarla. Francamente, no hay trabajo más duro que sacar a los residentes de los pozos. La verdadera liberación toma un poco de tiempo, un poco de esfuerzo titánico, y más paciencia de lo que las mejores personas poseen. Usted y yo necesitamos un brazo fuerte y largo.

El apóstol Pablo describe la tenacidad de Dios en 2 Corintios 1.10 cuando dice que: «Él nos libró y nos librará. En él tenemos puesta nuestra esperanza, y él seguirá librándonos». Pasado. Presente. Futuro. Esa es la clase de liberación del pozo que usted y yo estamos buscando. Tenemos que tener una garantía para toda la vida. El «Señor soberano» solo Él es mi «Salvador poderoso» (Salmos 140.7). Todos los demás se van a cansar. Pueden sacarnos de ese pozo y hasta estar un rato con nosotros mientras nos empujan para alejarnos cuando tratamos de meternos otra vez. Pero eventualmente les va a doler la espalda. Y cuando esto sucede, es probable que nos enojemos con ellos. Nos desilusionaron.

Una querida hermana en Cristo vino a mí herida por haber perdido una relación. Me contó que su amiga había estado con ella a través de una época muy difícil. De hecho, nunca lo hubiese podido hacer sin ella. Hablaban por horas. Eran muy unidas. Esta amiga se había convertido en la confidente más cercana que mi hermana había tenido en su vida.

Después de un tiempo, le pareció que su amiga era menos atenta. Menos cariñosa. Menos paciente. ¿O tal vez se estaba imaginando cosas? Después de todo, todavía era cortés. Luego, se tardaba más en devolverle las llamadas. Se dio cuenta que su amiga estaba haciendo, con otra persona, las cosas que ellas habían hecho juntas. Eso le hirió los sentimientos. Trató de hablarle al respecto. Su amiga le dio un abrazo y le dijo que todo estaba bien y que la quería mucho. Parecía ser verdad, solo que no podía seguir cargando con ella. Pronto, dejó de llamarla por completo.

¿Le suena familiar esta escena? Si no se puede identificar con ella, yo puedo hacerlo por usted y por mí. Y por los dos lados. Estoy segura de que ha habido personas que se han cansado de mí y que a mí también me han cansado. Es posible que un ser humano nos haya sacado del pozo, pero en algún momento, quizás accidentalmente, nos vendió a la esclavitud de una desilusión debilitante. Cuando sucede, pensamos que sería mejor que nos hubiéramos quedadamos en el pozo.

Es lamentable pero innumerables relaciones terminan de esa manera. Ni por un minuto podría minimizar el dolor de una relación quebrantada por expectativas sostenibles. Me he arrodillado con demasiadas mujeres que han llegado llorando al altar del santuario de mi iglesia, solo para enterarme que necesitaban oración porque sus sentimientos habían sido profundamente heridos por alguien que estaba sentado en alguna otra parte del templo. Cuando una relación tan cercana y confiada es perjudicialmente cortada, el cuchillo penetra a la profundidad exacta con la cual los invitamos a introducirse en nuestras vidas. En efecto, una de las principales razones por las cuales estamos tan heridos es porque la persona sabía por lo que estábamos pasando y aún así nos abandonó.

Lo que estoy a punto de decir puede ser difícil de oír, pero oro que Dios lo use para sanar a alguien: Algunas veces una persona nos abandona no a pesar de lo que estamos pasando, sino directamente por eso. Si los amigos que nos ayudan realmente hicieran algo que nos insultara abiertamente, ellos serían responsables ante Dios por eso. Pero si nos insultaron solo por habérseles acabado la gasolina y por haberse salido de la lucha, quizás necesitamos darnos cuenta que hicieron todo lo que pensaron que podían hacer humanamente y debemos dejarlos ir sin amargura o enojo.

En tales situaciones, es posible que unos cuantos sacadores fieles de pozo traten de seguir haciéndolo por un tiempo. Por meses. Inclusive por años. Si no se quejan de la situación, tal vez el proceso también esté alimentando en ellos alguna área que no es saludable. Y usted supondrá que al menos no la vendieron como esclava. Pero, ¡sorpréndase! Sí lo hicieron. La sociedad le ha dado un nombre a esta caravana. La llama *codependencia*. La única diferencia entre las dos situaciones es que, en esta, los que la vendieron se montaron en el vagón hacia Egipto con usted.

En el otoño, cuando Melissa se fue a la universidad, a mi amiga Bonita y a mí nos dio por tomar lecciones de golf. Como ya no teníamos hijos en casa, pensamos que de seguro tendríamos tiempo para un pasatiempo. ¡Qué tontas! Y de todos los pasatiempos, ¿por qué golf precisamente? No me gusta la ropa y no me gustan los zapatos. No me gusta que uno tenga que estar en silencio cuando otras personas están jugando. Y no creo que el cuerpo esté supuesto a distorsionarse de la manera que lo hace cuando da el golpe a la pelota. No es natural. Es más, durante el verano el ambiente está caliente. Especialmente donde yo vivo, se siente como si estuviésemos a tres puertas del Hades.

Detesto el golf.

Pero me gustan algunas personas que juegan golf. Y esa es, precisamente, la razón por la cual nos metimos en este problema. Creo que lo que tratábamos de hacer era impresionar a nuestros esposos, pensando en algo que todos podríamos hacer juntos… como si ellos realmente fueran a jugar los dieciocho hoyos con nosotras. Nuestros maridos fueron lo suficientemente sabios al no aceptar nuestra oferta de enseñarnos cómo jugar. Ellos sabían lo que nosotras sabemos ahora: que ninguno de nuestros matrimonios hubiese sobrevivido. Ellos le habían pagado a alguien para que les enseñara. A un instructor profesional.

Desde el primer día me di cuenta de que al nuestro no le gustábamos. No sé cuál era su problema. Tal vez haya tenido una mamá muy mala. ¿Qué podíamos hacer si la mujer en la tienda de golf todavía estaba pasando nuestros accesorios nuevos por el escáner cuando él ya estaba listo para empezar la lección? «¿Debemos traer nuestras carteras?»

Él solo se nos quedó mirando, así que nos imaginamos que no.

Después de encontrar un armario, finalmente pudimos dirigirnos al carrito de golf para poder llegar rápido al campo. Aplicando los buenos modales aprendidos en el sur, Bonita y yo casi nos quedamos atrás mientras insistíamos que la otra fuese la que se sentara en el asiento de adelante junto al conductor. «¡No, no faltaba más, siéntate tú allí!»

El instructor sugirió cortésmente que nos sentáramos para irnos de una vez. Luego pasó por un badén y se nos cayeron los lentes de sol. Recordando aquellas cosas, ahora sospecho que el tipo nos jugó sucio. Estoy casi segura que estaba tratando de tirarnos del carrito.

Sin embargo, no nos íbamos a desanimar. Cada vez que una de nosotras le pegaba a la bola, la otra aplaudía. Yo gritaba con entusiasmo: «¡Bonita, lo hiciste muy bien!» Y luego yo le pegaba a la bola y, como buena amiga que es, me devolvía la afirmación: «¡Ay, Beth! ¡Lo hiciste *súper* bien!»

Finalmente, el instructor no pudo aguantar más. Nos lanzaba miradas a las dos, de una a otra, casi como si estuviese teniendo un ataque epiléptico. alzó sus brazos y dijo: «¡Ninguna de las dos lo hace bien!»

Esa fue mi última lección de golf. Qué lástima, lo sé, pero ¿quién tiene paciencia con un instructor que obviamente no hace sus devocionales por las mañanas? He tratado de acordarme de orar por su mamá.

Algunas veces nos aferramos desesperadamente a alguien que no está mejor de lo que nosotros estamos. Yo creo totalmente en grupos de apoyo, pero alguien en ese grupo esté mirando de arriba hacia dentro. Preferiblemente desde bien arriba. De otra manera, nos mantendremos gritando entusiasmadamente de un lado a otro: «¡Lo hiciste bien!» cuando en realidad, ninguno de nosotros lo está haciendo bien. Si seguimos dándonos palmaditas los unos a los otros en nuestras pobres y dañadas espaldas, ¿cómo se van a recuperar? En Lucas 6.39, Jesús formuló la pregunta de una manera más efectiva: «¿Acaso puede un ciego guiar a otro ciego? ¿No caerán ambos en el hoyo?»

¿Necesita salir para tomar un poco de aire? Bueno, cambiemos de lugar por un minuto. Cada uno de nosotros, no solo ha buscado un liberador humano, sino que también ha tratado de liberar a alguien más. Podría ofrecer un sinnúmero de ejemplos personales, pero me voy a conformar con uno.

Unos cuantos años atrás, un ser querido que vivía en un pozo (no es mi esposo ni mis hijas), me culpó de haberme ido por todo el país ayudando a otros y que no tenía cuidado de ella. Mientras más profundo se hundía en su pozo, más enterrada quedaba en el resentimiento.

Lo que dijo de que yo no tenía cuidado de ella estaba lejos de ser verdad. Yo la quería mucho. Su resentimiento me dolió. Mi decisión era hacer cualquier cosa con tal que mejorara.

Dos meses después, las dos estábamos en un caos. Ella enojada conmigo y yo enojada con ella. De hecho, no nos estábamos hablando. Por fin nos reconciliamos, pero la experiencia dejó una huella que siempre me ha molestado.

Podremos hacer todo lo que sea necesario por un tiempo determinado para ayudar a los demás y aún así difícilmente podremos liberarlos de ellos mismos.

¿Significa esto que no debemos involucrarnos con la gente que está herida? ¡Por supuesto que no! Podemos ser totalmente inadecuados como liberadores, pero nunca piense que no podemos ser usados por Dios para que haya un cambio profundo en la vida de alguien. Podemos tener un impacto tremendo sobre una vida en el pozo. Primero que todo, podemos hacer un impacto sobre los residentes de los pozos, siendo un ejemplo. Podemos enseñarles que es posible vivir fuera del pozo cuando vivimos de esa manera nosotros mismos. Segundo, podemos impactar a los residentes de pozos con oración. Segunda Corintios 1.10-11 añade esto a la presente, pasada y futura liberación de Dios hacia sus hijos: «En él tenemos puesta nuestra esperanza, y él seguirá librándonos. *Mientras tanto, ustedes nos ayudan orando por nosotros*» (énfasis añadido).

Tenemos una invitación dada por Dios, si es que no una responsabilidad, de unirnos al proceso divino de liberar a alguien del peligro o del pozo. Tercero, al alentarlos, podemos hacer un impacto en las personas que están en un pozo. Hebreos 3.13 nos hace un llamado: «Anímense unos a otros cada día, para que ninguno de ustedes se endurezca por el engaño del pecado». Satanás hace un esfuerzo tremendo para convencer a una persona de que con el historial que tiene, la victoria es imposible. Eso es una mentira. Dígalo.

Cuarto, podemos impactar a los residentes de los pozos al ser persistentes en cuanto a dirigirlos a Jesús. Como los hombres que llevaron a un paralítico en una camilla, haga todo lo que pueda para «poner [a la persona] delante de Jesús» (Lucas 5.18). Sobre todo, siga diciéndole quién es el verdadero liberador. Continúe dirigiéndola hacia el único que no la desilusionará.

Quinto, al grado en que Dios ha aumentado la sabiduría bíblica en nosotros, podemos impactar a los residentes de los pozos a través de nuestros consejos y recomendaciones. Soy una gran defensora de la consejería cristiana profesional. Yo misma la recibí, y no estoy segura de dónde hubiese estado sin ella. Cuando alguien me trae un asunto que es demasiado difícil para mí, permaneceré persiguiéndola como un perro de caza hasta que consiga terapia o busque consejería profesional.

Hasta los mejores consejeros cristianos deben cuidarse de que sus clientes no los conviertan en liberadores. Todos nacimos con una tendencia natural de apegarnos a un salvador hasta el punto de adorarlo. A verlo en lo más alto. Por eso es mejor que nuestro liberador sea Cristo. Solo con Él estamos seguros. Isaías 43.11 lo dice sucintamente: «Yo, yo soy el SEÑOR, fuera de mí no hay ningún otro salvador».

Quizás este capítulo no haya significado mucho para usted. No lo sé. Tal vez no pueda acordarse de algún tiempo en que usted hizo responsable a otra persona por su felicidad... su integridad...su sanidad... Pero también, quizá un poco de la neblina se haya disipado sobre una relación que pensó que iba a ser una liberación de toda clase de cosas. Tal vez esté empezando a ver ahora que esa persona no estaba siendo cruel sino solamente humana. Quizás usted pueda permitirle a Dios que la traiga a un lugar donde pueda perdonar a esa persona por no poder ser Jesús. O tal vez debería botar a alguien que todavía insiste en tratar de ser Él. Quizás usted, como yo, podrá perdonarse por poner a alguien en un lugar para que falle. Tal vez esa persona fue usted. Y quizás ambas podamos dejar que Jesús sea Jesús.

6

Los tres pasos para salir del pozo

Usted puede optar por Dios. Deshaciéndose de cualquier otro plan, gracias «aunque en realidad no gracias a cualquier otro liberador», usted puede optar por Dios. Lo hermoso de optar por Dios es que usted está optando por todo lo que Él trae consigo. Como Él es infinito, usted nunca llegará al final de todo lo que Él ofrece. No hay nada como engranarse completamente a Dios. *Nada.* Si está dispuesta a involucrar a Dios como su liberador del pozo, la relación que va a desarrollar con Él va a ser la cosa más gloriosa que jamás le haya sucedido. Mucho más gloriosa que la misma liberación. Si acepta lo que Dios le ofrece para que pueda vivir en victoria, usted hallará gratitud en su corazón por cada persona que la desilusionó. Porque, en última instancia, aquella desilusión dio lugar a la relación más maravillosa que experimentará en su vida.

Si está dispuesta. Aquí viene el reto. Quizá quiera cerrar este libro después de lo que lea en los próximos quince segundos, pero si decide aceptar el reto, usted está en vías de salir de ese pozo. Este es el punto: Dios quiere todo lo que usted tiene. Prioridad indiscutible. Todos los huevos en una canasta. Todo su peso sobre una extremidad. En el momento en que usted se decida a hacerlo, Él lo tomará de la barbilla y le dirá: «Aquí, hijo. Mira para acá. No mires ni para la derecha ni para la izquierda. Mírame recto a la cara. Yo soy tu liberador. No hay nadie como yo».

Dios va a ser su liberador completamente o no lo será. Esa es la regla del rescate divino. Esto se lo puedo decir tanto basada en las Escrituras como por experiencia: Dios rehúsa compartir su gloria. Cualquiera que comparta su posición como liberador en su vida estará compartiendo su gloria. A Dios no le gusta eso. Quizás Él use a unas cuantas personas en su vida y le animen como parte de su proceso. Pero solo Él debe liberarla o usted nunca será libre. Como ya establecimos esa regla inquebrantable, pongamos manos a la obra. Para llegar a donde queremos ir, necesitamos saber cómo hacerlo bíblicamente.

Yo creo que la Biblia propone tres pasos para salir del pozo y su boca está involucrada en cada uno de ellos:

- Clame
- Confiese
- Consienta

Veamos cada paso. Nuestra parte del proceso empieza y se extiende en una acción muy específica descrita en el salmo 40, una porción de las Escrituras que se convirtió en la inspiración de este libro:

Puse en el Señor toda mi esperanza;
él se inclinó hacia mí y escuchó mi clamor.

Me sacó de la fosa de la muerte,
del lodo y del pantano;
puso mis pies sobre una roca,
y me plantó en terreno firme.
(SALMOS 40.1-2)

En este pasaje, la liberación del residente del pozo empezó con un clamor. El llanto puede acompañar a este clamor, pero las lágrimas solas no significan mucho. Probablemente ha oído el dicho: «El sentimentalismo no es el indicio de un corazón tierno. Nada llora más abundantemente que un pedazo de hielo». Podemos llorar hasta que se nos caigan los ojos por el dolor de nuestra situación y aún así no querer cambiar. Esa clase de lágrimas fluye a menudo de nuestra desesperación para que *Dios* cambie y calme nuestra frustración según la cual Él no lo hace. Si usted es como yo, a veces querrá que Él haga una excepción a las reglas y bendiga su desobediencia o su desgano.

Que Él no quiera acceder a nuestra voluntad tal vez nos parezca que no tiene compasión a la luz de todo lo que hemos aguantado, pero Él está buscando lo mejor que nos pueda pasar en la vida. Dios nunca va a ser codependiente con usted. Él quiere que usted se levante y viva abundante, profunda y efectivamente.

Y todo empieza con un clamor.

La clase de clamor de la que habla el salmista cuando dice que brota desde la parte más profunda del alma de una persona, como si su vida dependiera de ella. Este clamor desde las profundidades hace buen uso del pozo por primera vez, dirigiendo la petición a través de esas paredes angostas directamente al trono de Dios, como si hubiese lanzado fuegos artificiales desde el cilindro de una vela romana. Es difícil encontrar un concepto más repetitivo en las Escrituras que aquel que se refiere a que la intervención de Dios llega como respuesta directa a alguien que está clamando. Aquí hay unos cuantos ejemplos sacados como peces de un mar lleno de ellos:

- «Él librará al indigente que pide auxilio» (Salmos 72.12).
- «Al verlos Dios angustiados, y al escuchar su clamor, se acordó del pacto que había hecho con ellos y por su gran amor les tuvo compasión» (Salmos 106.44-45).
- «El Señor es refugio de los oprimidos; es su baluarte en momentos de angustia... No pasa por alto el clamor de los afligidos» (Salmos 9.9, 12).
- «Yo amo al Señor porque Él escucha mi voz suplicante. Por cuanto Él inclina a mí su oído, lo invocaré toda mi vida» (Salmos 116.1-2).

¿Por qué el proceso comienza con nuestro clamor? ¿Por qué no puede empezar solamente con nuestra necesidad? Digo, Dios lo sabe todo, ¿no? Él sabe qué es lo que necesitamos antes de que se lo pidamos, así que ¿por qué hace que nos tomemos esa molestia?

Pero por lo que yo le puedo decir acerca de Él, pienso que usualmente espera que nosotros clamemos para que Él pueda quitar toda duda sobre quién fue el que vino a rescatarnos. Si nunca clamáramos y no pudiésemos darle el mérito a ningún ser humano cuando los fuegos furiosos de nuestras pruebas se convierten en ascuas, es muy probable que le adjudiquemos nuestra liberación a una casualidad circunstancial o a filosofías empalagosas como: «Las cosas tienen una manera de arreglarse solas, ¿verdad?»

Las cosas no se arreglan solas. Dios las arregla. Bienaventurado aquel que sabe esto.

Es más, Dios ve una gran ventaja en esperar nuestro clamor porque Él inequívocamente actúa sobre la base de la interacción. Mientras se encuentra en el proceso de salir del pozo, nunca pierda de vista el hecho de que Dios siempre va a estar más interesado en que usted conozca a su Sanador que en experimentar su sanidad; que conozca a su Liberador, que su liberación. El Rey de toda la creación quiere revelársele a usted. Su Alteza está dispuesto a venir a nosotros en nuestra bajeza. Nuestro clamor destapa la cisterna en la cual nos encontramos atrapados. Expresa franqueza. Disposición. Eso es lo que Dios busca de nosotros.

La clase de clamor que describe el salmista puede venir del desesperado (Yo *necesito* a Dios y solo a Dios), o del metódico (Yo *quiero* a Dios y solo a Dios). Recuerde, no siempre tenemos que esperar hasta que estemos desesperados. Podemos ser lo suficientemente sabios como para saber cuán desesperados iremos a estar si no clamamos inmediatamente. Dígalo con todo lo que tenga por dentro, mire hacia arriba y clame. Abra su boca y diga: «Dios, ¡ayúdame!» y dígalo de corazón. Haga que el cielo se paralice. Llame la atención.

Tal vez usted debería hacer como un joven que vi no hace mucho. Recientemente me senté en el asiento del medio en la sexta hilera en un avión que estaba repleto de gente, en la sección que me gusta llamar: «un poco más de clase», justo a dos hileras sur de la cortina que divide ambas clases. Una pareja como de unos treinta y pico de años, la cual era atractiva y lo sabía, se sentó justo frente a mí con un niño pequeño y adorable— y se podía apreciar en su ropa de alta costura italiana.

Estuvimos rodando por la pista de despegue por tanto tiempo que pensé que tal vez saldríamos a la autopista y nos iríamos por tierra. Apenas estábamos empezando a sentir la fuerza de la gravedad del acelerador, cuando el joven y apuesto esposo empezó a chillar. Y digo *chillar*.

Me erguí en mi asiento tratando de ver si lo habían apuñalado o si nos habían secuestrado. Sus gritos se volvieron bramidos retumbantes que se podían oír hasta por sobre el rugido del motor: «¡Detesto viajar! ¡Lo detesto! ¡Ohhhhhh! ¡Nos vamos a estrellar! ¡Ayúdenme! ¡Awwwwh! ¡Yo odio esto! ¡Sáquenme de aquí!» Y así siguió por unos cinco minutos.

Cuando me acuerdo del incidente, me pregunto si ya él no lo habría hecho anteriormente. Su joven esposa ni una sola vez le dio unas palmaditas en el brazo, le dijo una palabra de consuelo o le hizo la pregunta obvia: «¿Qué es lo que te pasa?» En vez de eso, se le quedó mirando con una mirada de indiferencia con la que parecía estarle diciendo: «¿Ya casi terminas?»

Apenas el avión dejó de sacudirse y el piloto apagó la señal de mantener los cinturones de seguridad abrochados, el esposo se limpió la cara, se sopló la nariz, abrió su novela, y se comportó tan feliz como una lombriz por el resto del viaje. Lo más fuerte que tomó fue una Coca Cola de dieta, pero no puedo decir lo mismo del trío que estaba sentado frente a él. Sus caras permanecían pálidas.

El tiempo voló hasta que el piloto les pidió a las azafatas que prepararan la cabina para otra llegada puntual. Todos nosotros en las tres hileras alrededor del señor Llantito tratamos de prepararnos para un aterrizaje emocional. Él estaba tan tranquilo como un gato en un área asoleada durante un día de frío. Figúrese.

Pero espere. Seguro que usted va a pensar que él estaría un poco apenado cuando empezáramos a dirigirnos hacia la salida después de haber recogido nuestro equipaje de mano. Pero no. Estaba completamente cómodo en su piel bronceada. Actuó como si nada en la tierra pudiese ser más normal que sacar los temores cuando se tienen. ¡A que ese tipo va a vivir más años que el resto de nosotros... si su esposa se lo permite!

Usted puede gritar así como él. Estridente y efusivamente. O lo puede hacer con la cara en el suelo y sin ruido, excepto por un gemido que ni usted misma puede interpretar. Como quiera que lo haga, hágalo. Y de corazón. Si no puede, si su garganta está muy reseca del dolor y su alma está tan agotada sin la energía que se necesita, pídale a Dios que le dé lo que necesita. Clame al único que la puede liberar.

Después que haya clamado, *confiese*. Piense en pecados, pero después piense más allá de eso.

La confesión en el sentido más amplio es el medio por el cual podemos abrir nuestros corazones y nuestras almas ante Dios. La confesión es la manera de estar de acuerdo con lo que Dios dice de sí mismo y de nosotros. La confesión ocurre cada vez que usted le dice a Dios cuánto lo necesita. Le dice lo que está en su mente. En qué lío se ha metido. Quién está metida con usted. Qué es lo que la está deteniendo. Quién la está molestando. Quién hizo que se enojara. Quién no la deja en paz. Quién le rompió el corazón. Aunque su primer impulso sea pensar que es Él el causante de todo eso, dígaselo. Si lo pueda sentir, sáquelo de adentro de usted. Salmos 145.18 dice: «El SEÑOR está cerca de quienes lo invocan, de quienes lo invocan en verdad».

Todas estas cosas son confesiones, pero haga lo que haga, no pase por alto el beneficio incomparable de confesar también el pecado. Sáquelo y mire hacia arriba cuando lo esté haciendo. Deje que la luz de Dios brille sobre su pecado para que así ustedes dos lo puedan resolver y para que Él pueda sanarla. Y mientras lo haga, no se olvide de sacar sus pecados de orgullo.

Nada contribuye más a la duración de nuestra estadía en el pozo que el orgullo. El orgullo es la razón número uno por la cual una persona que sabe que debe hacerlo se mantiene renuente a Dios. Confiese cada pecado de sus propias acciones, palabras o pensamientos que cree que contribuyeron a su derrota. En mi jornada personal Dios me enseñó que nunca rompería el ciclo del pozo si no le decía cada contribución que hice y dejaba que Él lidiara con mis tendencias autodestructivas.

Aún si a usted la lanzaron al pozo, examine su corazón para ver si hay raíces de amargura o si la ira, la falta de perdón o la frialdad le están construyendo una casa allá debajo de la tierra. Examine su corazón y vea si, en algún lado en medio de su pérdida de control, usted trató de recobrarlo a través de la manipulación. Pregúntese si usa el amor como un arma. Sea tan específica como pueda, y cuando crea que ha pensado en todas estas cosas, pregúntele a Dios si hay algo que está pasando por alto. Es posible que este proceso tome días mientras Dios le revela cosas capa por capa. Continúe respondiendo mientras Él lo hace.

Dios nunca nos da una convicción para que nos sintamos desdichados. Él quiere restaurar nuestra comunión a través de accionar el interruptor para que recuperemos el poder. Recuerde que lo que busca Dios es la relación. La confesión es una forma en la cual podemos responderle cuando Él nos habla. Él inicia la conversación a través de la convicción, y nosotros le respondemos a través de la confesión. Mientras tanto, tiene lugar un milagro. El cielo y la tierra, lo inmortal y lo mortal, lo perfecto y lo imperfecto empiezan a dialogar. La convicción es una invitación personal para reunirse con Dios y la confesión es una respuesta con llegada inmediata.

Más que cualquier cosa, la confesión despeja el camino para que el Rey de gloria pueda entrar. Para poder salir de ese pozo y permanecer fuera de él, usted y yo necesitamos el poder sin obstáculos del Espíritu Santo.

Los pecados no confesados obstruyen el conducto entre el trono de Dios y nuestra vasija. Si usted no se guarda nada, Dios tampoco lo hará.

La conversación que Dios empezó a través de la convicción no termina con nuestra respuesta de confesión. Continúa con Dios diciéndonos a través de su Palabra que Él nos perdona (vea 1 Juan 1.9 y Miqueas 7.18) y completa el proceso en nuestra respuesta apropiada y liberadora de la aceptación con gratitud. Nunca vamos a salir de ese pozo si no creemos profundamente, hasta la médula de nuestros huesos, que Dios nos ha perdonado. Mire las palabras que el rey Ezequías le dijo a su Dios, en Isaías 38.17:

> *Sin duda, fue para mi bien pasar por tal*
> *angustia.*
> *Con tu amor me guardaste de la fosa*
> *destructora,*
> *y le diste la espalda a mis pecados.*

Esta es la forma en que trabaja la confesión: Ponemos todos nuestros pecados a los pies de Dios; Él los recoge y los tira *todos* detrás de sus espaldas. En nuestros círculos cristianos constantemente hablamos de dejar nuestro pasado atrás. Eso no es suficiente. Es muy fácil para nosotros volvernos y recogerlos otra vez. Nuestro pasado debe estar detrás de las espaldas de Dios. De esta manera, si queremos regresar a nuestro pasado tendremos que ir a través de Dios.

El tercer paso para salir del pozo es *consienta*: «Conformidad con algo o la aprobación de lo que se ha hecho o ha sido propuesto por otro... acuerdo como acción u opinión... acuerdo voluntario».

El consentimiento es la parte más hermosa del proceso de salir del pozo. No hay ninguna ambigüedad acerca de este paso: Es definitivamente la voluntad de Dios. Determinar la voluntad de Dios en tantas otras áreas no es muy seguro. Como dónde quiere que trabajemos. A dónde quiere que nos mudemos. Con quién quiere que salgamos en una cita. Esta no es una de esas áreas inseguras. Dios quiere que usted salga del pozo. Que sea una vencedora. Punto. Así que todo lo que tiene que hacer es consentir a lo que Él ya quiere.

1 Juan 5.14-15 dice: «Esta es la confianza que tenemos al acercarnos a Dios: que si pedimos conforme a su voluntad, él nos oye. Y si sabemos que Dios oye todas nuestras oraciones, podemos estar seguros de que ya tenemos lo que le hemos pedido».

Querida amiga mía, la voluntad de Dios para con usted es que salga de ese pozo. Si se decide a hacerlo, esperando en Dios mientras Él empieza a mover, a empujar y a cambiar las cosas para su liberación, puede empezar a alegrarse porque *va* a suceder. Tal y como Dios lo promete en su Palabra. Cuando por primera vez le hablé de los tres pasos le dije que su boca está involucrada en cada uno de ellos. Yo quiero que usted aprenda a clamar, a confesar y a consentir usando la Palabra de Dios. Y para hacerlo, cuando le sea posible, *hágalo en voz alta*. El volumen no es el punto. Todo lo que necesita es que sus propios oídos lo oigan. ¿Por qué? Escuche, querida: «Así que la fe viene como resultado de oír el mensaje, y el mensaje que se oye es la palabra de Cristo» (Romanos 10.17). Su fe va a ser fortalecida cuando oiga su propia voz pronunciando las palabras de Cristo.

No conozco otra manera más poderosa de orar que usando las Escrituras. Una razón por la cual las Escrituras son de tanta ayuda es porque nuestros retos son a menudo tan abrumadores que no podemos pensar en las palabras correctas que tenemos que decir. Otra razón es porque le podemos transferir el peso de la responsabilidad a Dios y a su Palabra. La Palabra de Dios tiene su propio poder sobrenatural. Es su propio aliento, diciendo que cuando usted lo expresa, la está liberando en sus propias circunstancias (vea 2 Timoteo 3.16).

Dios ama su Palabra; por consiguiente, si el Espíritu de Dios que vive dentro del creyente no ha sido sofocado por pecados que no han sido confesados, Dios responde cada vez que Él la oye. Sí, la fe es absolutamente crítica para el proceso, pero usted no se puede sentar en el pozo solamente hasta que un día, de la nada, de repente tenga fe para salirse. Deje que Dios use su boca para fortalecer su fe.

Usted verá que las oraciones con Escrituras no tienen que, necesariamente, usarse en forma literal. Lo vital es que repitamos los principios de las Escrituras para que nuestra confianza pueda crecer en la certeza de que estamos orando la voluntad de Dios.

Le animo a usar sus propias palabras, a que se desahogue y a que sea muy específica con Dios. No las deje a un lado cuando empiece a sentirse mejor. No estamos buscando que se sienta mejor. Nuestra meta es liberación del pozo *por el resto de su vida.*

En los días cuando se sienta triste, abrumada, o decepcionada, busque sus oraciones con Escrituras rápidamente. En los días que quiera hacer menos, haga más. Esté alerta en cuanto a las artimañas del enemigo. Él sabe que si puede hacer que deje de orar, podrá hacer que usted se quede en el pozo. Cuando la batalla se ponga recia, tenga por seguro de que tiene preocupado a su enemigo y que él está tratando de distraerla o desprestigiarla.

Al enemigo nada le hace más daño que la espada del Espíritu.

Me siento muy orgullosa de que haya llegado hasta aquí. Realmente deseo verla vencer y sé que lo va a conseguir. La Palabra de Dios me dice que lo hará. Usted tiene el apoyo del poder de la plenitud de la Deidad. Tiene la voluntad del Padre, la Palabra del Hijo y la manera del Espíritu Santo. ¿Qué más necesita?

Y de todas formas, ¿qué es lo que tiene que perder, excepto el pozo? Así que empiece a hacer ruido. Apuesto que al fin de cuentas, va a tener una boca tan grande como la mía.

7

Esperando la liberación de Dios

Dios puede liberar, en solo un segundo, al criminal más insensible o al adicto más empedernido. Si Él quiere hacerlo, lo hará incluso con sus ojos cerrados y sus manos atadas a la espalda. Yo conozco gente que se puso a gusto en un pozo a unos 100 pies de profundidad y con unos 1.000 días de duración, y experimentó la liberación instantánea de Dios. En un momento estaban en la agonía del pecado habitual, y en el otro momento estaban tan libres como las aves del cielo.

Un hombre al que llamaban Carolina fue una de esas maravillas de un segundo. Le pusieron ese apodo porque sus raíces eran de Carolina del Sur. Carolina estuvo tras las rejas de cuatro prisiones americanas en tres diferentes estados, y actualmente está cumpliendo una condena a cadena perpetua en la prisión de Angola, estado de Luisiana. En medio de miles de presos duros, en lo que se conoce como «la prisión más sangrienta de América», Carolina tenía un gusto desmedido por la violencia, lo cual le dio la reputación de ser uno de los prisioneros más peligrosos de Angola. Escuche esta historia.

Cinco años atrás, Carolina se inscribió para participar en un retiro espiritual de tres días en

> la prisión. «Solo fui por la comida que come la gente libre», diría más tarde. «Estaba planeando un acto muy violento y supuse que esta iba a ser mi última comida de las que come la gente libre. Para mí, Dios era un cuento de hadas y cualquiera que creyese en Él, era un hada».
>
> Después de un día en el retiro espiritual, se aburrió y empezó a querer irse. Se puso tan inquieto que al encargado le empezó a entrar el pánico. Y de repente «sin previo aviso, sin oración, sin luces brillantes o trompetas, Dios me quitó la violencia y la amargura de mi corazón», dijo.
>
> «Yo sé que aquello se había ido porque fueron parte de mi vida por cuarenta años. Pensé que me había vuelto loco… luego escuché a Jesús decir "Te amo" en palabras que sonaron como si salieran de los altoparlantes en un concierto. Sentí que en cada articulación de mi cuerpo, Jesús me decía: "Yo te amo". Empecé a llorar y lloré por dos semanas. No había vuelto a llorar desde que tenía siete años de edad».

Puede que Carolina aún esté en una celda, pero ya no está en un pozo. Excitante, ¿verdad? Nada me hace más feliz que cuando Dios se luce de esa manera.

Me gusta. Me encanta escucharlo. Me fascina verlo.

Pero yo nunca he experimentado algo así. Ni siquiera una liberación instantánea de algo relativamente nimio, como un pozo pequeñito que haya excavado con una cuchara sopera en vez de con una pala.

No soy masoquista. Dios sabe que en el mismo momento en que me doy cuenta de que he hecho algo malo me dispongo a ser liberada en forma instantánea. Entonces, trato de orar y decir algo así como: «Señor, empezando hoy mismo, nunca más quiero pensar de esa manera de esa situación (o persona). Perdóname y líbrame de esto en el nombre de Jesús. Yo sé que me puedes liberar. Hazlo, por favor. Y, si puedo pedírtelo, hazlo en este mismo instante». Y de repente, todas esas imaginaciones vanas invaden mi mente otra vez. Solo puedo pensar en esas cosas. Así que Dios y yo tenemos que ponernos a trabajar nuevamente.

El proceso tal vez dure unos cuantos días, unas cuantas semanas, o quizás salte de punto en punto en lo que se siente como una etcétera eterna.

Pero no puedo pensar en virtualmente nada de lo que Dios me ha liberado de la noche a la mañana. Cuando se trata de alto mantenimiento, yo soy la «A» de alto y la «M» mayúscula de mantenimiento. Hago bromas con mis compañeros de trabajo de que cuando mi vida se acabe, el epitafio más adecuado para grabar en mi lápida probablemente sería: «Dios se cansó».

Hace solo unos cuántos días atrás estaba frustrada conmigo misma acerca de una relación que tengo con un miembro de la familia extendida, la cual no estoy manejando bien. Debería tener más madurez espiritual que estar sintiendo algunas de las cosas con las cuales estoy luchando.

Angustiada y detestándolo, ese día me levanté antes del amanecer y salí al patio de atrás donde tengo mi tiempo de oración en las mañanas. Ni esperé que mi café terminara de prepararse. No estoy segura si cerré la puerta cuando salí. Allí mismo en el patio quedé tumbada. Después de que me levanté, continué con mi tiempo de oración regular en la mesa del patio y dejé que Dios me tranquilizara con su amor y me instruyera con su Palabra. No fue sino hasta después que me di cuenta que tenía unos pedacitos de gravilla adheridos en la frente. Casi me reí a carcajadas. Para algunas de nosotras, especialmente esta su servidora, sería sabio empezar nuestro día con las frentes en el suelo y vivir el resto del día con el suelo en nuestras frentes.

Le digo, Dios y yo trabajamos duro juntos. He llegado a la conclusión elemental que, para Dios, estar *juntos* es la clave de cualquier proceso. Antes de que el hombre fuese creado, Dios nada más decía algo y sucedía. «Que exista la luz» y existía. Él todavía podría hacer eso. De hecho, a veces todavía lo hace. Pero mucha de esa acción instantánea cesó después de la llegada del hombre y, obviamente porque Dios así lo quiso. De repente, Dios ya no era tan repentino. De hecho, hasta las palabras «en el principio» marcan el tic-tac del primer reloj. Una espera está basada en el tiempo y, por lo tanto, primordialmente está basada en el hombre. Yo creo que, a lo mejor, entre una gran cantidad de otras razones, a menudo Dios predestina una espera porque sencillamente disfruta la unión que surge de ella.

Recientemente, uno de nuestros mejores amigos contrajo una infección de estafilococo y besó a la muerte en la mejilla tantas veces que todavía no sabemos cómo no se fue al cielo. Sus amigos más cercanos se mantuvieron en la puerta de la Unidad de Cuidados Intensivos (UCI) por días. No habíamos estado tan unidos así en años. No teníamos tiempo. De repente, una crisis de vida o muerte llegó e hicimos tiempo. *Relación*. Esa es una de las mejores cosas que pueden salir de una sala de espera. No hace mucho, cuando luchaba contra esos terribles problemas de salud, una amiga cariñosa estaba un poco desconcertada sobre la distracción que Dios había permitido en mi vida durante un tiempo tan ocupado. «Yo creo que Él me extrañó», le dije un día. En los días relativamente tranquilos, antes del problema de salud, yo todavía lo buscaba y le servía en una capacidad u otra, prácticamente cada día y, solo Él sabe, yo todavía lo amaba. Pero una vida tranquila e invariable, eventualmente hace que descuidemos nuestra espiritualidad. Yo quiero un fuego consumidor que arda dentro de mi alma, y si tiene que venir a través de una prueba fuerte, entonces que así sea. Quiero a Jesús. Quiero mucho de Él. Y obviamente, Él me quiere. *Completa*.

Lo mismo es con usted. Tal vez podamos tomarlo como un elogio. Como dijimos en el capítulo seis, la relación es muy importante para Dios. Se necesitan dos para bailar un tango, hasta para salir de un pozo. Su parte es sacarla. La parte suya es aferrarse desesperadamente a Él. Ese es el tango de la libertad.

Escuche, querida. Dios hace que trabaje cualquiera cosa, ya sea de una manera instantánea o por un proceso largo. Obviamente, un proceso trabaja mejor para mí, porque basado en nuestro historial, Dios y yo verdaderamente nos metemos de lleno.

¿Usted también? Entonces estamos en buena compañía porque aparentemente Dios y el salmista también estaban en un proceso. Lea cuidadosamente las dos primeras palabras que salieron de la boca del salmista en su testimonio de liberación del pozo:

Pacientemente esperé a Jehová,
y se inclinó a mí, y oyó mi clamor.
Y me hizo sacar del pozo de la desesperación, del lodo cenagoso;
Puso mis pies sobre peña, y enderezó mis pasos.

(Salmos 40.1-2, RVR1960)

Obviamente liberación intantánea no le sucedió al escritor de nuestro salmo. Él enfrentó el tic-tac del tiempo entre la petición y la realización. Si nos acercamos a Dios humildemente para pedirle que nos dé liberación instantánea, sabiendo muy bien que Él la puede dar, y aún así escoge usar, en cambio, el vagón del tiempo, Él está escribiendo la historia con cada vuelta lenta y pesada de la rueda, y usted está viajando como guardia armado. Buenas historias no saltan así por así a una página. Estas dan vueltas, tienen flujo y reflujo, suben y bajan agitadamente como el pecho de Adán cuando Dios le sopló esa alma dentro de su cuerpo totalmente nuevo. La vida en el planeta Tierra nunca puede ser estática. La buena noticia es que tal vez tengamos que esperar por la liberación, pero nunca tenemos que esperar a Dios mismo. Nunca tenemos que esperar para disfrutar de su presencia o tener la seguridad de su amor. Si estamos dispuestos a creerle a Él, podemos tener cualquiera de esos deleites relacionales instantáneamente. La única espera es en ver su trabajo manifestado en lo físico, viendo la realización de nuestra petición.

Al leer la descripción que da el salmista de haber «pacientemente esperando a Jehová», no se crea que él esperó allí en el fango, hundiéndose más profundo cada minuto, diciéndole a Dios que Él podía tomarse todo el tiempo que necesitara. La frase «pacientemente esperé» es traducida de una sola palabra hebrea *qwh*, (que se pronuncia kaw-VAW).

Aquí, la palabra hebrea *qwh* se traduce como *expectativa*. El *Diccionario teológico del Antiguo Testamento* habla del *«carácter del verbo qwh, orientado hacia la meta»*. El salmista no se sentó en el pozo a juguetear con sus pulgares llenos de lodo hasta que Dios lo librara, sino que adoptó una postura de expectación total. Tenía una meta, y sus hombros no iban a desplomarse hasta que la viese cumplida. Su liberador estaba llegando, y en su camino, venía librando batallas y encendiendo senderos en algún lugar más allá de la vista del salmista.

Nunca piense que Dios no está trabajando mientras usted espera. Él está haciendo lo que nadie más puede hacer. Mire lo que dice Isaías 64.4:

Fuera de ti, desde tiempos antiguos
nadie ha escuchado ni percibido,
ni ojo alguno ha visto,
a un Dios que, como tú,
actúe en favor de quienes en Él confían.

Si solo sus ojos pudiesen ver cómo Dios mueve sus piezas como en un tablero de ajedrez para obtener el máximo impacto, se quedaría con la boca abierta. Él está planeando algo grande que no solo le afecta a usted, sino también a los que están a su alrededor. Él también está con aquellos que están alrededor de usted. Es más, Él no solo está interesado en impactar el presente. De hecho, las Escrituras nos dicen que mil generaciones pueden cosechar los beneficios del favor misericordioso que Dios le otorgó a alguien que lo amaba y lo seguía obedientemente (Éxodo 20.6). Dios tiene la capacidad de marcar a su familia entera, ya sean descendientes físicos o espirituales de los cuales usted fue una mentora en la fe, con bendición y con el mayor privilegio de traerle gloria a Él.

Él es «el que es y que era y que ha de venir, el Todopoderoso». (Apocalipsis 1.8) Dentro de cada «es», Él está consciente de lo que «fue» y de lo que «está por venir», y tiene la intención de mostrarse poderoso en todo lo anterior.

En el salmo 130 la palabra *qwh* también se traduce como *esperar*. Allí, la ansiosa expectación se hace hermosamente clara desde el contexto:

A ti, Señor, elevo mi clamor
desde las profundidades del abismo.
Escucha, Señor, mi voz.
Estén atentos tus oídos a mi voz suplicante.
Si tú, Señor, tomaras en cuenta los pecados,
¿quién, Señor, sería declarado
inocente?
Pero en ti se halla perdón,
y por eso debes ser temido.
Espero al Señor, lo espero con toda el alma;
en su palabra he puesto mi esperanza.
Espero al Señor con toda el alma,
más que los centinelas la mañana.
Como esperan los centinelas la mañana
(vv. 1-6).

El salmista buscó a Dios como un centinela mirando hacia el horizonte desde la cima del muro de la ciudad, esperando ver al rey victorioso. Según *El estudio completo de palabras del Antiguo Testamento*, la palabra hebrea *qwh* significa «estar al acecho de alguien... estar a la expectativa, esperar, buscar pacientemente, tener esperanza; tener seguridad, tener confianza; ser perseverante». ¿Qué tiene que ver un centinela con nosotros? En términos de Dios, esperar significa adoptar la postura de un centinela. Eso significa dejar de sentirnos cómodos en ese pozo. Espiritualmente hablando, ponerse de pie y esperar. Anticipar su liberación inevitable y absoluta.

Mientras esperamos y anticipamos, tenemos la oportunidad de ejercer otra parte de la definición de *qwh*. Esta es mi parte favorita. *El estudio completo de palabras del Antiguo Testamento* añade a la definición de la palabra diciéndonos que también significa: «Unir (torciendo)».Déjeme pintarle un cuadro para ayudarle a ver lo que esto significa.

Después de toda una vida de relaciones disfuncionales y expectativas insatisfechas, me formé una idea perfecta de lo que tendría que ser la maternidad. Sin embargo, con su respiración de bebé casi imperceptible, Amanda sopló y resopló contra aquella idea, echándola por tierra.

Habiéndolo previsto y habiendo planeado la oportunidad perfectamente, Dios usó a mi primera hija para hacer que mi mejoría y mi sanidad valieran cualquier cantidad de trabajo que requirieran. Tristemente, yo no estaba lo suficientemente feliz conmigo misma como para intentarlo. Peor aún, en ese tiempo no confiaba en Dios lo suficiente como para hacerlo por Él. Pero Él sabía que finalmente tendría en mis brazos algo tan precioso pero tan vulnerable, y que haría cualquier cosa para no causarle daño. Todavía lo haría.

La cigüeña nos trajo este paquete sorpresa a Keith y a mí cuando apenas teníamos diez meses de casados.

Con mis veintidós años de edad y la primera de mi grupo de amigas en ser mamá, yo no tenía la menor idea de qué hacer con una criatura tan pequeña, así que hice lo que naturalmente se acomodó a mi personalidad optimista. Jugué con ella. Teníamos un buen repertorio, pero uno de ellos era el favorito de Amanda. Siempre era al final de nuestro tiempo de juego cuando yo le decía que mamita tenía que arreglar la casa antes de que papi llegara. Usaba un cierto tono delator, pretendiendo echarle un poquito la culpa, y le decía que no se preocupara. Que ella podía seguir jugando mientras yo me iba a trabajar. Ese era el lenguaje clave para decirle que «se montara». Sonreía y hacía como que se iba, pero cuando yo volvía la cabeza, ponía sus brazos alrededor de mis muslos y sus dos piecitos sobre uno de mis pies.

Dondequiera que yo iba, ella iba conmigo. Yo conocía el juego muy bien, así es que empezaba a poner los trastos en el fregadero y ropa en la lavadora pretendiendo que no me había dado cuenta que la iba llevando en una de mis piernas.

Finalmente, la llamaba. «¿Amanda? ¿Adónde te fuiste? ¡No te puedo encontrar por ningún lado! ¡Contéstale a tu mamá en este mismo instante!» Y ella se atacaba de la risa.

Arrastrándola de cuarto en cuarto, buscaba detrás de los muebles y en el clóset, mientras gritaba su nombre. Cuando ya no podía aguantarse, gritaba: «¡Estoy aquí mismo, mamita! ¡Mira para abajo!» Yo miraba hacia abajo pretendiendo haberme asombrado y saltaba, y chillaba como si ella me hubiese asustado muchísimo. Las dos nos soltábamos a carcajadas… y luego lo hacíamos todo de nuevo al día siguiente.

Cuando no mucho después nació Melissa, su hermana mayor le enseñó el juego cuando casi estaba lo suficientemente grande como para ponerse de pie y agarrarse. Yo caminaba por toda la casa con las dos nenas sobre mis pies. Para el tiempo en que se suponía que las llamara por nombre, ya yo estaba sin aire.

Este es el cuadro que representa el significado de la palabra *qwh*. Mientras usted espera que Dios trabaje y manifieste su liberación, agárrese de Él tan fuerte como pueda. Pídale que le permita darse cuenta de Él más de lo que lo haya hecho en toda su vida. Únase a Él con todas sus fuerzas, para que, en última instancia, vaya dondequiera que Él vaya. Agárrese fuerte y no lo suelte. Péguese a Él tan cerca que casi pueda oír sus susurros. Sus palabras vivirán dentro de usted y usted vivirá en Él. Dios no hace que su hogar sea un pozo. Unida a su túnica santa, usted tampoco lo hará.

8

Decídase

Así que, ¿Cómo sabe usted que ya no tiene que esperar y que finalmente está fuera del pozo? De dos formas. Salmos 40.2 describe la primera:

Me sacó de la fosa de la muerte,
del lodo y del pantano;
puso mis pies sobre una roca,
y me plantó en terreno firme.

Una forma en la que usted puede saber que está fuera es cuando se da cuenta que, después de toda esa resbaladera, sus pies están finalmente plantados sobre una roca. Esto significa que ha encontrado un lugar estable donde puede pararse erguida y poner todo su peso sobre sus pies sin temor de descubrir que está hasta las rodillas en arena movediza. Mientras tenga todo su peso puesto en esa roca, usted no se va a caer. Quizá los vientos soplen y las aguas crezcan, pero usted no va a perder terreno. Alabe su nombre con firmeza porque Dios no es una alfombra divina para que alguien pueda jalársela por debajo de sus pies.

Dios puede sostener su peso completo, emocional, espiritual, mental y físico, los sesenta segundos de un minuto, los sesenta minutos de una hora, las veinticuatro horas del día, los siete días de la semana, los 365 días del año, por el resto de su vida.

Quiero enfatizar la frase: «*por el resto de su vida*». Dios no es solo un lugar en donde pararse. Este libro no es sobre salirse del pozo por un momento. Es acerca de salirse del pozo para siempre. Y si eso es lo que queremos, tenemos que hacer algo absolutamente crucial. Tenemos que decidirnos. Dios nos *da* un lugar firme en qué pararnos, pero tenemos que decidir que lo queremos.

Eso es exactamente lo que en Salmos 40.2 significa la palabra traducida del hebreo como «firme». En otro salmo, se usa para caracterizar la respuesta del hombre a Dios. El salmo 78 habla de una generación «que pondrían su confianza en Dios y . . . cumplirán sus mandamientos", y no como sus antepasados, "una generación obstinada y rebelde, cuyo espíritu no se mantuvo fiel a Dios (v 7—8)».

La expresión «fiel» significa estar «segura... convencida... lista... preparada... determinada». La queja de Dios hacia los israelitas en el salmo 78 era por la renuencia de estos de decidirse en cuanto a Él. ¿Estaban con Él o no? ¿Querían un lugar firme para pararse o nada más que una visita a la sala de emergencia? Así como muchas veces lo hacemos nosotros, ellos buscaban a Dios cuando estaban en problemas, pero apenas la presión se iba, volvían a querer trazar su propio rumbo y ser su propio jefe. Básicamente, la fidelidad significa tener una mente decidida. Significa que ciertas preguntas ya han sido contestadas antes que la vida las formule. Significa que hemos solucionado algunas cosas de antemano —no esperamos hasta que estemos en medio del fuego para decidir. Usted sabe de lo que estoy hablando. Una esposa que quiere ser fiel no espera hasta que alguien coquetee con ella en el trabajo para decidir si va a serlo o no. La decisión de permanecer fiel a su esposo la ha tomado antes que una circunstancia la enfrente al dilema de decidirse.

Así es Dios. Él tomó la decisión sobre usted antes de la fundación del mundo. Sea quien haya sido quien la traicionó y quienquiera haya dejado promesas sin cumplir, Dios es firme al compromiso que tiene con usted. Las circunstancias no lo llevan a reconsider su posición. Aún si usted, como yo, ha ido varias veces al pozo, el afecto que Él le tiene es inquebrantable. Él es completamente suyo si usted lo quiere. La Roca es suya para cuando usted haya decidido que allí es donde quiere estar. Le voy a decir por qué estoy recalcando este punto. Mientras no se decida a aferrarse a Dios y a depender de su poder desde ahora hasta que el Hades se congele será igual a estar parada sobre una cáscara de banana. Estará más o menos firme mientras que el viento esté calmado, pero cuando pegue la tormenta y las aguas crezcan, la resaca la dejará rebuscando aire. Un buen ejemplo es el que ofrece una amiga mía que tiene un problema feroz de dependencia de las drogas. Hace poco me contó de su tremenda frustración con las recaídas y su confusión en cuanto a las rachas intermitentes de victorias. Me dijo sobre «lo bien que le va entre una crisis y otra» mientras su exesposo no le recuerde su rechazo. Se mantiene constante, mientras sus hijos no tengan problemas en la escuela. Si puede pagar sus cuentas anda maravillosamente bien. Ella piensa que si pudiera deshacerse de los problemas que la tientan a usar drogas podría mantenerse firme.

El problema es que la vida en el planeta Tierra consiste en una crisis tras otra. Querida, le prometo esto. Las circunstancias le ofrecerán invitaciones incesantes para que regrese al pozo. El hecho es que sí tenemos un enemigo, quien trama una artimaña tras otra. Él sabe cómo echarle zancadillas; sabe cómo encontrarle su talón de Aquiles y es allí hacia donde dirige sus dardos. Y le garantizo que es un gran tirador.

Usted podrá aislarse de la tentación solo por un tiempo; sin embargo, en algún punto tendrá que salir afuera, plantar sus pies sobre la roca y resistir. Una vez, y luego dos veces. Diez y luego veinticinco veces. Treinta y luego cincuenta veces hasta que su carne se someta y su enemigo se dé por vencido en esa situación y luego se retire. Tarde o temprano va a tener que enfrentar a su enemigo y ganar, confiando en el poder de Cristo que trabaja a través de usted. No puede pasarse toda la vida huyendo y escondiéndose de él porque él seguirá presentándose dondequiera que usted vaya.

Algo sucedió recientemente que me hizo recordar esto. En nuestra búsqueda de un lugar apacible en el Oeste donde pudiera escribir, nos metimos en el territorio de los osos. La pequeña cabaña que usé en el Parque Nacional Grand Teton está rodeada de pinos y álamos, con una calma reinante que puede ser muy engañosa.

Mientras esos álamos tengan hojas, usted tendrá una gran amenaza en forma de oso.

Innumerables veces encontramos huellas con marcas de garras cerca de la casa. Hemos preservado una en la parte de atrás de nuestra casa donde un oso parece que tuvo que apoyarse para alcanzar una rama del árbol cercano con su otra garra. Recientemente tuvimos un cambio de escenario. Keith quiso ir a una pequeña isla de la Florida que tiene reputación de ser fabulosa para la pesca. Nos llevó a Melissa y a mí, prometiéndome que iba a poder escribir todo lo que quisiera.¿Habría algo más relajante que eso? ¡Difícil!

Nuestra primera señal de peligro debió haber sido la tormenta tropical que nos siguió hasta la isla. A la pequeña laguna que estaba al lado de la casa que estábamos rentando la dejó convertida en un lago. Quizá se pueda imaginar las cosas que me pasaron por la mente cuando Melissa gritó desde el porche del segundo piso: «¡Hay un caimán en la laguna!» ¡Fabuloso! Osos en Wyoming. Caimanes en la Florida. Bueno, allí lo tiene. Dondequiera que usted vaya, hay un enemigo.

Bienvenido a la vida en nuestro planeta. Un día estamos bien y al otro día estamos enfermos. Conseguimos un dinero extra para la Navidad, y para enero estamos endeudados de nuevo. Si su victoria depende de las circunstancias, es mejor que agite la bandera blanca y se rinda antes de la derrota. Váyase a inhalar esa droga. Tómese ese cuarto trago de gin-tonic. Hártese y purgue esa pizza. Métase a la cama con ese estúpido otra vez. Coma, beba y sea miserable.

O puede decidirse a estar de lleno con Dios, parada en esa roca, por el resto de sus días. El apóstol Pablo lo llamó estar unidos a Cristo (vea Filipenses 3.9). Ya sea que mi salud mejore o empeore, allí es donde estaré. En riqueza o en pobreza, ya lo he decidido. En la luz del día o en la oscuridad de la noche, encuéntreme en Cristo. Con esposo o sin él. Con hijos o sin hijos. Con o sin trabajo. Ya lo he decidido.

Cuando haya tomado la decisión y le haya entregado su corazón, su mente y su alma con todas sus fisuras, y cuando le haya dado su pasado, su presente y su futuro «al único Dios, nuestro Salvador, que puede guardarlos para que no caigan» (Judas 1.24); y cuando sepa que está totalmente con Él, pase lo que pase... felicidades, mi cielo. Estarás fuera del pozo y tus pies estarán sobre la roca.

Tener un lugar firme donde pararse no significa tener una vida fácil y que las tentaciones no van a venir. No significa que no va a pecar, aunque no va a revolcarse en el pecado como lo hacía antes. Solo significa que, pase lo que pase, ha determinado su posición.

Con todo respeto, y se lo digo como alguien que ha estado allí, es tiempo de que se decida. No solo por todas las razones de las que ya hemos hablado, sino también por una más. Mejor que se prepare, porque esta es enorme. Creo que puede ser el reto más grande de todos: como tratar de mantenerse fuera del pozo, mientras otros que están cerca de usted todavía están en él.

No creo que le tengo que decir que toda una familia puede residir en un pozo grande de lujo, con compartimientos personalizados. Así como una gran cantidad de amigos. Sí, allí mismo en 105 Sur de la Calle Pozo. Se parece a una casa. Se comporta como un pozo. No se confunda. Un pozo es un lugar excelente para un amontonamiento.

Especialmente en las familias. Los lazos son tan cercanos, que la misma cuerda que cuelga de uno enreda a todos. Pero no importa quién esté debajo, nadie es un caso perdido. No hay nadie que esté tan pesado para no ser sacado. Dios libera con «gran despliegue de fuerza y de poder» (Deuteronomio 5.15). Pero Él lo hace con una persona a la vez. Jesús saca del pozo a cada parte dispuesta, y con sus propias manos cicatrizadas, por si acaso usted piensa que Él no entiende nuestro dolor.

Si usted es la primera persona en escapar de un amontonamiento familiar, quizás piense que los demás que viven en el pozo estarán felices de que al menos usted haya salido; que su liberación alimentará en otros sus propias esperanzas. Pero por alguna razón, a menudo esta no es la manera en que suceden las cosas. Usualmente, cuando usted sale del pozo, alguien de la familia se siente traicionado porque usted sintió que era necesario un cambio. Piensa que esto significa que usted está diciendo que algo anda mal con el resto de ellos. Algunas veces, cuando una persona decide tomar una decisión hacia Dios y plantar sus pies sobre la roca, la lealtad hacia Él es interpretada como deslealtad hacia la familia.

En realidad, nada tiene el potencial para un mayor impacto positivo en un grupo de gente cercana que cuando uno decide romper la tradición y buscar otro nivel de sanidad. Estoy convencida de que la salud puede ser aún más contagiosa que la enfermedad; no obstante, hasta que llegue el gran adelanto y se contagien con el virus de Jesús, mejor será que usted pegue bien sus pies a esa roca. La presión para que vuelva a su antigua situación puede ser titánica.

Ciertamente, ninguna familia es perfecta, y probablemente ninguna menos que la que trata de convencernos de que sí lo es. En casa de los Moore a lo menos, no lo somos. Pero sabemos, como cualquiera puede saberlo, que familias enteras pueden cambiar. Actualmente está sucediendo en mi propia familia de origen, pero lo que ya ha pasado en la familia de Keith no es nada menos que sensacional. Él y yo le hemos pedido a Dios que persiga a cada uno de los miembros de nuestra familia extensa y que los haga suyos. Que sane cualquier quebrantamiento con su amor y que haga que cada uno tenga un propósito. Le hemos pedido que marque a nuestra familia de tal manera que ninguna generación esté sin amantes de su Palabra, sin maestros de su verdad y sin seguidores de su camino, justo hasta cuando Cristo regrese.

Si fuera una mujer de apuestas, habría puesto mi dinero sobre lo que está pasando en mi familia primero, pero la persecución que Dios ha puesto sobre la familia de Keith ha sido incesante. Realmente no esperábamos ver con nuestros propios ojos humanos tantos de los cambios que le pedimos a Dios para todas las generaciones de nuestras familias. Nosotros habíamos esperado morir viéndolo a la distancia y creyéndolo todo de igual manera. En vez, está sucediendo bajo nuestras propias narices. ¿Valió la pena? ¿Valió la pena haber sido malentendida? ¿Valió la pena que me hayan dicho que pienso que soy mejor que ellos? ¿Es realmente posible atesorar todavía lo que usted ama acerca de lo que hace su familia, pero tener la prerrogativa de botar lo que no? Por supuesto que sí. Poco a poco hemos visto el resentimiento de la familia convertirse en al menos un poquito de respeto, y a lo máximo unos celos benditos de querer tener lo que nosotros hemos encontrado.

Cuando Dios ejecuta una liberación dramática en nuestras vidas, la naturaleza de algunas de nuestras relaciones más cercanas cambia inevitablemente. Mientras más saludables nos ponemos, más nos damos cuenta de cuán enfermos estábamos. Descubrimos dónde hemos sido motivados por un sentido de culpa más que por Dios mismo, o más que por *amor*.

Cooperar con Dios a través de dolorosas relaciones transitorias quizá sea el trabajo más difícil de todos durante nuestra liberación del pozo. Persevere con Él y confíe en Él, no solo con su vida, sino con la vida de ellos. A pesar de lo que digan, usted no les estaba haciendo ningún favor al quedarse en el pozo con ellos. Mantenga sus pies sobre esa Roca, no importa cuán lastimeramente le llamen las voces de sus seres queridos desde el pozo y le rueguen que regrese. Así como usted esperó en Dios para su propia liberación, espere en Él para la de ellos. Ore mucho por ellos, con esas Escrituras que están al final de este libro. Ámelos ardientemente, pero como residente de la Roca y no como residente de un pozo.

Su compromiso hacia ellos desde esta nueva posición nunca ha sido más vital.

Pero por otro lado, no todo el mundo es familia; no toda atadura del vínculo emocional es la voluntad de Dios; y no todas las relaciones necesitan cambiar. Algunas necesitan terminarse. Totalmente. No sé cómo decir esto con delicadeza. Algunas relaciones no sobrevivirán su liberación del pozo. Y la mayoría de ellas no necesitan hacerlo. Usted va a descubrir que el pozo era lo único que tenían en común, y que bajo diferentes circunstancias ni siquiera se hubiesen juntado. Esperamos que esta persona no sea su esposo. No obstante, si lo es, empiece a pedirle a Dios que haga un milagro. Pero si no es una relación bendecida por Dios y no es algo que la haga sentirse conectada por su Palabra, necesita una inspección sincera.

Empiece con la que más teme perder. ¡Ay, lo sé! Usted piensa que no puede vivir sin esa persona, pero no es verdad. Lo que no puede es vivir *con* ella fuera del pozo. Infundida con el poder incomparable de Cristo, usted es mucho más fuerte de lo que piensa que es.

Dios tiene un lugar a donde llevarla, y si usted tiene personas que no quieren dejarla ir, tendrá que dejarlas ir a ellas.

Quizás se pregunte: «¿No se debe seguir amando a la gente sin importar lo profundo que estén sumidos en sus problemas?» ¡Absolutamente! Y a veces, dejarlos ir es lo más amoroso que podemos hacer. Si la persona no fue una compañía saludable para usted, es muy posible que usted tampoco haya sido saludable para ella. No es mi intención minimizar la dificultad de apartarse de algunas relaciones destructivas, pero si todo lo que hacemos es concentrarnos en lo dificultoso, nunca vamos a salirnos del lodo. Nuestras compasiones desfiguradas nos mantendrán con el fango hasta las rodillas y nuestro amor se convertirá en resentimiento.

Pregúntese algo que yo tuve que preguntarme en mi búsqueda de la libertad. ¿Cuáles de sus relaciones son alimentadas por afecto genuino, y cuáles por una adicción? Podemos volvernos emocionalmente adictos a una relación como cuando alguien se deja atrapar por una sustancia.

Cuídese de cualquiera que trate de ser indispensable para usted. De quien se convierta en la persona a la cual usted repetidamente le diga: «Tú eres la única persona en el mundo en quien puedo confiar». Si eso es realmente cierto, entonces usted no sale muy a menudo. De hecho, yo estaría dispuesta a apostar que ella es la gran razón de por qué usted no está saliendo. Identifique cualquier «empujador» en su vida, cualquiera que siga alimentando la parte de usted que no es saludable, porque esto alimenta la parte no saludable de ella. Cuestione la incapacidad de estar sola. ¿Será posible que por esa persona Dios no puede acercarse a usted? Al ir llegando juntas al final de esta jornada, le ruego que no deje que nadie la «ame» a muerte.

Sea valiente, querida. ¡Sea valiente! Haga lo difícil. Deje ir a esa persona si es lo que Dios le está diciendo que haga. Hágalo con la confianza que solo Dios le puede dar y no ande con rodeos cuando lo haga. ¿Acaso no se lo ha ordenado Él? «¡Sé fuerte y valiente! ¡No tengas miedo ni te desanimes! Porque el SEÑOR tu Dios te acompañará dondequiera que vayas» (Josué 1.9).

Dígale adiós a ese pozo de una vez por todas. Vivir en el aire fresco y en la luz del sol donde sus pies estén firmes sobre la Roca y su cabeza por encima de la de su enemigo, no es para cobardes. Es para aquellos que se deciden.

9

Cantar una nueva canción

Usted va a tener una nueva canción en sus labios, un himno de alabanza a su Dios (Salmo 40.3). Esta es la segunda manera en la que va a saber que dijo adiós al pozo.

Sea que tiene una voz hermosa o si no hace más que ruido, usted nació para la canción. Y no para cualquier clase de canción. Su corazón late al ritmo de una canción de Dios, y sus cuerdas vocales fueron diseñadas para darle volumen. No es que quiero decir que otras clases de canciones no sean maravillosas e inclusive medicina para nuestras almas. No. Porque algunas veces, la música, la cual no debe confundirse con la letra de la canción, es un regalo de Dios para el hombre.

Es verdad. Cualquier tipo de música puede influenciarla a una. Hasta intoxicarla sin siquiera haber bebido una gota.

Me di cuenta de eso yo misma un año atrás más o menos. Recibí una invitación para dar una charla en una reunión en Washington, D.C., y como mi primogénita nunca había ido allá, la agarré y me la llevé conmigo. Estando en Washington nos invitaron a un concierto en el Centro Kennedy. Teníamos asientos en el palco, lo cual sucede solo una vez en la vida. Nos pusimos nuestros vestidos más lujosos y mientras íbamos por los anchos pasillos hasta ubicar nuestros codiciados asientos, nos codeamos con algo de lo mejor de Washington. Como algo que solo se ve en las películas. Sin duda que allí habría estado Audrey Hepburn elegante y hermosa.

Hubiese deseado poder decirle que soy una mecenas con experiencia sobre las artes, pero verdaderamente no soy ni siquiera una mecenas con experiencia sobre las artesanías. Esa noche, Elli May Clampett fue a la sinfonía, y ella estaba sentada en mi asiento y usando mi cabello. La mayoría de las veces no supe en qué tema estábamos. Ni tampoco pude valorar al pianista invitado que introdujeron a mediados de la velada, pero supongo que era alguien muy especial. La audiencia se volvió absolutamente loca. Él tocaba varios compases, echaba la cabeza atrás y alzaba sus brazos con un dramatismo tremendo. Le interesará saber que *soy* patrocinadora de la Feria Ganadera y de Rodeo de Houston, y la forma en que el pianista tocaba con una mano me recordó algunos jinetes de toros que he visto. Traté de identificarme con él lo mejor que pude.

Al irnos aproximando al final de la velada, los temas se destacaron en un *crescendo* casi inaguantable para el alma. Beethoven revivió, secuestró mis emociones, y me mantuvo cautiva. La última nota explotó como fuegos artificiales. Mientras, las manos del director se mantenían extendidas en el aire, lo que pareció durar varios minutos, como si se hubiesen quedado estancadas en la cima de una clave de tiple enorme.

Por unos cuantos segundos, nadie respiraba. Rompiendo el silencio, una dama que estaba justo delante de mí se paró y empezó a gritar a todo pulmón: «¡Bravo! ¡Bravo!»

Me quedé atónita. Bueno, seamos realistas. Todos sabemos lo que la palabra significa, pero ¿cuántos hemos estado en un lugar en donde realmente podemos usarla? Este fue mi primer viaje a la villa del Bravo, y quedé con los ojos pelados. Luego, una persona tras otra en la audiencia se puso de pie, finalmente, todos en la gran sala estaban de pie, aplaudiendo hasta decir no más, y yo, junto con ellos, también gritaba: «¡Bravo! ¡Bravo!»

En solo unos cuantos minutos nos encontramos en el vestíbulo donde los rostros brillaban con una incontenible satisfacción artística. Nosotras nos sentimos privilegiadas por haber asistido al concierto. Salí del Centro Kennedy bailando un vals, totalmente intoxicada por la experiencia. Durante la cena aquella noche, no dejé de usar un lenguaje. Me comporté como si supiera cosas que no sé. Me sentí elevada. Majestuosa.

Cerca de la medianoche, Amanda y yo nos acostamos en las camas llenas de almohadas en nuestro cuarto de hotel y silenciosamente pensamos sobre nuestra noche. De repente, algo me sobrevino. Volví a ser la que era antes. Miré a Amanda y en mi tono característico del campo grité: «¿Qué te pareció eso?» Nos reímos tanto hasta que lloramos. Rodamos de un lado a otro, tirando patadas al aire, y nos dolían tanto los lados que gritábamos del dolor. Justo entonces, la Cenicienta volvió a ser Ellie May, puso la silla sobre su caballo y regresó a Texas.

Con todo y que el concierto estuvo bueno, una canción de Dios en el alma del hombre más sencillo es más que eso. No es solo para un momento. No es solo una intoxicación emocional. Es el himno de un alma libre.

Nada puede tomar el lugar de una canción. Si se obstruye su salida, el alma se vuelve más y más pesada. Y nada en este mundo obstruye más la tráquea como el aire contaminado de un pozo.

Querida, una canción de alabanza, cantada libremente y ofrecida espontáneamente, es una de las características más ostensibles del gozo en la tribulación. Mientras no haya perdido su canción de Dios, usted aún no ha dejado que esa situación la meta totalmente y la entierre en un pozo. De la misma manera, usted sabe que está fuera de ese pozo cuando no solo le regresan las canciones de antaño, sino cuando percibe que algo fresco ha ocurrido. Dios ha puesto una nueva canción de alabanza en sus labios. Tener una canción nueva en nuestros labios no significa que ya no tenemos el dolor que causó nuestro pozo. Ni tampoco significa que si el nuestro era un pozo de pecado, necesariamente todas las consecuencias quedaron atrás. Solamente significa que ya no estamos estancadas. Ya no estamos derrotadas. Ya no estamos llenas de lodo. Nuestra visión está regresando. Es un nuevo día. Después de todo, Dios no nos odia. El viento está soplando de nuevo en nuestros rostros y una vez más la esperanza es eterna.

Me acuerdo vívidamente de cada detalle cuando salí del peor pozo de mi vida. Iba sola manejando hacia la casa desde la iglesia en una noche de invierno resplandeciente con estrellas que brillaban en el firmamento. Un profundo dolor emocional me acompañaba por la situación en la cual había estado. Cantando a todo pulmón con la música de alabanza que resonaba por las bocinas del auto, abrí el techo corredizo y grité una y otra vez: «¡Soy libre!» Estaba lejos de encontrarme fuera del dolor, no me malinterprete. Estaba fuera de ese pozo, y sabía, absolutamente, que no iba a regresar allí.

¿Qué quiere decir el salmista cuando dice que tenemos una canción nueva en los labios? Quiere decir que un nivel de alabanza completamente nuevo empieza a salir de una alma liberada. Es como si un cañón desconocido se destapara por dentro en alguna parte muy profunda, y una represa de agua viva se rompiera, lo enjuagara y lo llenara. Un testimonio de la bondad de Dios brota del pozo hacia los labios. La música cobra vida y de repente le pone palabras a sus sentimientos. Usted tiene una canción en su corazón que no puede más que llegar a sus labios, en palabras y melodías.

Por favor, preste un poco más de atención al leer otra cosa que el salmista testificó a su Dios:

> *Tú eres mi refugio;*
> *tú me protegerás del peligro*
> *y me rodearás con cánticos de liberación.*
> (Salmos 32.7)

Si eso es verdad, y Dios mismo lo dice, algunas de esas mismas canciones están siendo cantadas ahora mismo. De hecho, según ese versículo, todo este libro y cualquier otro parecido a este debe tener una música que no podemos oír. Si usted ha estado en un pozo, Dios quiere liberarla, y Él la ha rodeado de acompañamiento para su jornada de salida. Tómelo en serio. No, tómelo alegremente. ¡Gloriosamente! Piense en la película más dramática que haya visto. Escuche la música inquietante de la saga de la batalla *Glory*. La música emocionante de la victoria final en *El retorno del rey*, escrita por Tolkien. Escuche a los jugadores de fútbol en *Duelo de Titanes (Titanes hicieron historia)*, cantando en ingles: «Ain't no mountain high enough [No hay montaña lo suficientemente alta]».

Ahora, imagínese algo mucho mejor. No creo que usted piense que los productores terrenales de películas y los compositores son mejores que Dios. Cada expresión musical ganadora de un Oscar es meramente el eco del Dios del cual el compositor con pies de barro fue creado a su imagen. Con todo esto en mente, ¿cómo podría pensar que Dios la liberaría de su drama de la vida real, en el cual une al cielo y a la tierra, sin un acompañamiento poderoso? ¿Sin golpes de percusión? ¿Sin violines melancólicos? ¿Sin trompetas de Dios en la victoria? ¿ Cristo, el Rey, el Creador del universo, la busca y la rodea *a usted* con canciones de liberación.

¿Puede dejar que esto se meta en su alma? ¿Podría permitir sentirse amada? ¿Perseguida? ¿Importante? Tal vez usted y yo podamos oír esa música acompañándonos en cada una de nuestras etapas de liberación cuando lleguemos al cielo. Imagínese a Dios dándonos un CD personalizado con una escena victoriosa de la batalla final pintada sobre el rótulo. Tal vez describa el momento en que una ex residente del pozo como yo ganó y empezó a cambiar.

Pero ahora que lo pienso, espero que no solo sea un CD. Tiene que ser un DVD. No solo escucharemos la música; veremos la película: la guerra furiosa en el reino invisible que sucedió por encima de nuestras cabezas, cuando los ángeles de luz lucharon contra los ángeles de la oscuridad. Veremos exactamente dónde estaba Jesús y qué estaba haciendo mientras se desarrollaba cada evento. Escucharemos la voz de Dios dándoles órdenes a los elementos para que cooperaran. Para que nuestras cadenas se desintegraran. Y después de toda nuestra espera, llegaremos al momento exacto cuando Dios gritó: «¡Ahora!» O al menos pienso que lo haremos. Porque nuestro Dios es un Rey dramático. Si Él tiene la partitura que contiene las canciones de nuestra liberación, ¿por qué no va a tener también la película no ficticia para la cual fueron escritas las canciones? Después de todo, ¿qué es una partitura sin una escena?

Hasta que llegue ese momento, vaya y cante por fe. Le puedo asegurar una cosa: la música está sonando. ¿Y quién sabe? Quizás nuestras almas puedan oír lo que nuestros oídos no pueden discernir.

Si tiene el valor suficiente, tal vez pueda sacudir un poco de polvo y bailar. Eso fue lo que mi personal y yo hicimos unos cuantos días atrás. Usualmente los viernes son un gran día en el ministerio, pero este viernes en particular Dios había sobrepasado la rutina. Oraciones contestadas y motivos de alabanza habían surgido toda la mañana, como si Él hubiera estado en el humor de lucirse.

De repente, escuché música que venía de la oficina principal. Una música con un ritmo que se podía sentir hasta en los huesos. Luego escuché el sonido de pisadas. «¡Están bailando!», le dije a Nancy. «¡Vamos a bailar con ellos!» No lo tuve que decir dos veces. Ella saltó como un muñeco a resorte de una caja de sorpresas y casi me gana corriendo por el pasillo. Mientras nosotras estábamos en medio de la adoración, dos mujeres pasaron al frente de las puertas de vidrio del área de recepción. Me imagino que andaban buscando la oficina de seguros que estaba al lado. Se detuvieron y preguntaron: «¿Qué es lo que están haciendo?»

Yo abrí la puerta y grité por encima de la música: «Dios fue súper bondadoso con nosotras esta mañana, contestando miles de oraciones. ¡Solo estamos celebrando! ¡Discúlpennos si les interrumpimos!»

Ellas se empezaron a reír nerviosamente, nos miraron como si estuviésemos locas, y se fueron caminando. Sin inmutarnos, nosotras seguimos bailando.

Segundo después, regresaron y entraron a nuestra oficina. Venían llorando. «¿Pueden orar por ella?», preguntó una mientras agarraba la mano de la otra. «Está pasando por una situación muy difícil».

Mi personal y yo pusimos nuestras manos sobre esa preciosa e insospechable joven, y clamamos al cielo por ella y todo lo que le concernía. Cristo vino a Lacey ese día en la pista de baile al ritmo de la canción de otra persona. Así pasa algunas veces. Pues es contagioso.

Puso en mis labios un cántico nuevo,
un himno de alabanza a nuestro Dios.
Al ver esto, muchos tuvieron miedo
y pusieron su confianza en el SEÑOR.
(SALMOS 40.3)

10

Nuestro futuro sin pozos

Me gusta mucho un gran final, y quiero que sepa que vamos a tener uno. El autor de nuestra fe sabe cómo lograrlo. Al concluir este libro acerca de cómo salirse del pozo, quiero que sepa qué le sucederá al diablo cuando todo termine. Justicia poética. Apocalipsis 20.1-3 lo describe:

> Vi además a un ángel que bajaba del cielo con la llave del abismo y una gran cadena en la mano. Sujetó al dragón, a aquella serpiente antigua que es el diablo y Satanás, y lo encadenó por mil años. Lo arrojó al abismo, lo encerró y tapó la salida.

Allí lo tiene. Antes de que Dios se deshaga de Satanás de una vez por todas, Él va a hacer que pruebe el pozo. Es el plan perfecto, de veras. Y absolutamente bíblico. Después de todo, hace mucho tiempo, Salmos 7.15-16 prometió que:

> *Cavó una fosa y la ahondó,*
> *y en esa misma fosa caerá.*
> *Su iniquidad se volverá contra él;*
> *su violencia recaerá sobre su cabeza.*

El león rugiente que merodea, después de toda esa tierra que ha acumulado en sus garras cavando pozos para nosotros, finalmente va a encontrarse enjaulado en su propio pozo. Tal vez la razón por la cual su pozo es tan profundo, sea porque Dios está cavándolo hasta que alcance la suma de todos los pozos que el diablo ha cavado para nosotros. Para el tiempo en que Satanás vea la vida desde el pozo sin fondo, nuestros pies van a estar firmes sobre la Roca para siempre. El aire va a estar despejado. La comunión, dulce. Y los sufrimientos actuales no podrán compararse con la gloria que nos será revelada (vea Romanos 8.18). Viajaremos sin balsa ni salvavidas por los ríos de agua viva y luego nos deleitaremos en el Hijo.

Hasta ese entonces, la vida en esta tierra maltratada no será fácil, pero nunca más tendremos que vivir en el fondo de un pozo. Claro que aún tendremos días malos. Pero Cristo es fiel extender su brazo poderoso hasta la profundidad quizá por milésima vez, y dice, en una forma que finalmente podemos oír: «¿Necesitas una mano?»

> Él me dijo: «Levántate», y bien que lo hizo porque he estado demasiado tiempo yaciendo en medio de la mundanalidad. Él ha resucitado, yo he resucitado en Él, ¿por qué entonces debo aferrarme al polvo? ... Pero, Señor, ¿cómo puede ascender una piedra? ¿Cómo puede un pedazo de arcilla salir de pozo tan horrible? Ay, levántame, sácame. Tu gracia lo puede hacer. Envía tu Espíritu Santo para

que encienda las llamas sagradas del amor en mi corazón, y seguiré ascendiendo hasta que la vida y el tiempo queden atrás, y realmente salga de allí.

«¡Levántate, amada mía; ven conmigo, mujer hermosa!» (Cantares 2.10)

Notas

Capítulo 2

22 Spiros Zodhiates, ed., "Lexical Aids to the New Testament", *The Hebrew-Greek Key Word Study Bible: #1923* (Chattanooga, TN: AMG Publishers, 1998), p. 1621.

Capítulo 4

60 Kurt Richardson, *New American Commentary: James* (Nashville: Broadman and Holman, 1997), p. 80 (vea tanto el texto como la nota de pie 69).

Capítulo 6

99 *Merriam-Webster Collegiate Dictionary,* décima edición, s.v. "consentimiento". (Traducción.)

Capítulo 7

106 Steve Carr, "Set Free in Angola Prison", *Decision*, junio 2006, p. 8.

111 Spiros Zodhiates, ed., "Lexical Aids to the Old Testament", *The Hebrew-Greek Word Study Bible:* #7747 (Chattanooga, TN: AMG Publishers, 1998), p. 1548.

114 G. Johannes Botterweck, Helmer Ringgren, y Heinz-Joser Fabry, eds., *The Theological Dictionary of the Old Testament* (Grand Rapids, MI: Eerdmans), p. 568.

113 Spiros Zodhiates y Warren Baker, eds., *The Complete Word Study Old Testament*, #6960 (Chattanooga, TN: AMG Publishers, 1994), p. 2360.

114 Ibid.

Capítulo 10

145 Charles Spurgeon, *Morning and Evening*, Morning, 25 abril (Nashville: Thomas Nelson, 1994).

Acerca de autora

Beth Moore es maestra y escritora de libros y estudios bíblicos *bestsellers* cuyas conferencias la llevan por todas partes de los Estados Unidos y del mundo. *Sálgase de ese pozo* fue publicado en 2007 y vendió más de 800.000 ejemplares en inglés. Una esposa dedicada, madre de dos y abuela de dos, Moore dirige Living Proof Ministries.